Ⓢ新潮新書

原 英史
HARA Eiji

岩盤規制

誰が成長を阻むのか

806

新潮社

岩盤規制　誰が成長を阻むのか　目次

はじめに

岩盤規制をめぐる役所の屁理屈

最近では、大上段で「改革」を論じるのは古臭く、規制や制度の枠内で現実的に対応するほうが大事、といった風潮も強い。とりわけ、民主党政権発足前後に大流行した「政治主導」への改革などを、過去の遺物のようにとらえる向きもある。しかし、規制や制度を表裏両面からみてきた立場でいえば、こんな見方は、誤解とあきらめの産物でしかない。「官僚主導」の弊害は、今も日本経済の発展を阻む桎梏となっている。

規制改革を巡る役所の議論では、ときどき、びっくりするほど馬鹿馬鹿しい屁理屈がでてくる。

例えば、医薬品のインターネット販売は長く禁止されてきた。２０１４年に一部解禁されたが、今も多くの品目や処方薬では禁止されたままだ。

本も衣類も雑貨も食品も、多くのものはインターネットで買えるようになり利便性が高まった。まして医薬品の場合、具合の悪いときに必要になる。わざわざ店舗に出かけずに購入できれば、助かる人は多いはずだ。

それなのに、なぜ禁止するのか？　規制を所管する厚生労働省に問うと、答えのキーワードは「対面」と「顔色」だ。つまり、薬局のカウンターで、薬剤師さんが対面で購入者の顔色をみて、症状などを確認しないといけないというのだ。

顔色を一瞬みただけで副作用の危険性などを即座に察知できるスーパー薬剤師さんがどれだけ存在するのだろうか。少なくとも、世の中の薬剤師さんたちが皆そんな特殊能力を備えているとは思えない。しかも、本人以外が薬を買いに来ることだってある。本当に症状の確認が必要なら、顔色や勘に頼るより、ＩＴ技術を使ってもっと科学的なやり方もできる。

ちょっと考えれば、厚生労働省の説明が屁理屈に過ぎないことは明らかだ。なぜそんな屁理屈をいっているかというと、昔からある薬局にとって、インターネット販売の出現は不都合だからだ。そして、薬局を支持基盤とする政治家はその利益を守る必要がある。厚生労働省は関係業界と関係議員に配慮することで、最大限権力を発揮できる。業界・議員・官僚の結託した利権構造が、こんな屁理屈を生んでいるのだ。

本書の中でまたお話しするが、こうした事例はほかにもいくつもある。

クリーニング店では、宅配ボックスを例外的ケースでしか設置できない。理由は同様に「対面」と「顔色」で、病原菌の感染を防ぐため、高熱のありそうな人が持ってきた衣類はカウンターでより分けるためという理屈だ。

教育現場でも変な話がある。過疎地の小さな学校など、すべての科目免許のある先生がそろっていないことはよくある。例えば数学の先生がいない場合、他の科目免許（英語、体育など）の先生が特例で教えることは認められるが、学校外にいる数学の先生がテレビ会議方式で教えることは原則認められない。理由は「机間《きかん》指導」といって、教師が教室の中で生徒の座る机の間を回って指導することが重要だからという理屈だ。たしかに大事な指導方法だと思うが、それを理由に、正規の数学の先生が教える可能性を阻んでいるのはおかしなことだ。

政府がビジネスを妨げてきた

本来ならば、もっと便利な生活や、もっと良い教育や医療が可能なのに、こうした屁理屈がそれを阻んでいる。いずれも、裏側には守るべき利権構造があるからだ。

これが、よく言われる「岩盤規制」の一端だ。こんな規制はおかしい、撤廃すべきだと長年言われながら、堅く維持されてきた。「岩盤」と呼ばれる所以《ゆえん》だ。

「岩盤規制」は生活者目線でも迷惑な話だが、日本経済の未来にとっても深刻な問題だ。日本経済を低迷させてきた最大の要因は、政府がビジネスを妨げてきたことだ。日本では伝統的に官僚機構が強い力を持ち、いちいち役所にお伺いをたてなければ何もできないような規制が縦横無尽に張り巡らされてきた。詳しくはあとの章でお話しするが、「事前規制型」と呼ばれる行政体系だ。

こうした行政体系の転換（事前規制型から事後チェック型への転換）が1990年代からずっと唱えられてきたが、なかなか進まず、まだ道半ばだ。

このため、最新技術や創意工夫でビジネスを進化させ、新たな商品・サービスを実現しようとしても、役所の規制に阻まれる。規制の撤廃を求めても、全く動かない。裏側に利権構造が巣食っているためだ。冒頭で医薬品などの事例をあげたが、こうした類の規制がさまざまな分野で無数にあって、日本経済を蝕んできた。

この問題を解決しない限り、日本経済は貧しくなり続ける。新たなチャレンジを許容する国との差は開くばかりだ。

「予定調和」ではない「真剣勝負」

私は、この10年ほど、規制改革・行政改革の世界にかなりどっぷり漬かってきた。2006―07年、当時勤務していた経済産業省から出向して、規制改革・行政改革担当大臣補佐官を務めた。その後役所をやめて、大阪府・市での規制・行政改革に関わった。ここ数年は、国家戦略特区ワーキンググループ（WG）の委員（2013年―）、規制改革推進会議委員・投資等WG座長（2016年―）を務め、国の規制改革に直接に携わった。

国家戦略特区は、加計問題で獣医学部新設の件が有名になったが、いきなり全国で規制改革を実現するのが難しい場合にまず地域限定で規制改革をやってみる仕組みだ。一方、規制改革推進会議のほうでは、いきなり全国で進める規制改革を主にやっている。どちらも規制改革を進める枠組みだ。

国家戦略特区WGも規制改革推進会議も、政府に設置された会議の中では、かなり異色といってよい。

政府には審議会や研究会が数多くあるが、大半は、役所の作る政策プラン（報告書案や答申案などの形をとる）にお墨付きを与える会議だ。私は、20年ほど官僚をやっていたので、そうした会議もたくさん運営した。

こうした会議の運営のポイントは「予定調和」だ。シナリオどおりに運営し、最後は役所の政策プランにみな賛成する。万一ちゃぶ台をひっくり返すような反対意見が出たりしたら、担当の官僚としては大失態だ。だから、会議の委員には、役所と良好な関係にある学者、業界関係者などを選び、そんな事態を事前防止するのが鉄則だ。

国家戦略特区ＷＧや規制改革推進会議は、こうした「予定調和」型の会議とは正反対だ。毎回がちゃぶ台返しの連続で、よく言えばエキサイティングな「真剣勝負」だ。

なぜそうなるかというと、会議の中身が基本的に、会議委員と役所の対決だからだ。会議委員側が規制改革を求めて問題提起し、それに対し、規制を担当する役所側が反対理由を並べる。そこで、冒頭にあげたような屁理屈も出てくる。もっと意味不明な場合もあれば、巧妙にもっともらしく装ってあって騙されそうになることもある。

もちろん、常に屁理屈というわけではなく、会議委員側の当初の認識が正されることもある。考慮すべき事情が明らかになり、その解決策をさらに議論していくこともある。

会議委員側は主張の真贋を見極め、ほころびがあれば追及する。役所側は、正攻法で論戦を繰り広げることもあれば、ときに論点をすりかえ、サボタージュ戦術を繰り出し、あの手この手で防御する。激しいやりとりになるのは日常茶飯事だ。

岩盤規制と呼ばれるような難題では、多くの場合、会議委員と官僚との議論だけでは決着しない。議論の状況を総理大臣・大臣などの政治レベルに報告し、判断を求める。委員側の主張に分があれば、「こんな規制はさすがに理が通らない」と政治レベルでも関係者への説得がなされ、改革が進む。逆に、役所側の主張に分があると判断されたら、そこでストップだ。

だから、会議での議論は、いつもガチンコ討議だ。「予定調和」とは正反対で、「真剣勝負」を繰り返しているわけだ。

役人にも政治家にも果たせない役割

こうした会議の委員をやっていると、多くの役所の官僚からうらみを買うこともある。ともかく、やっていて、労力とストレスのかかる会議だ。

それでも、これは誰かがやらないといけない。

規制改革や行政改革は、官僚たちが自ら改革しようとするのを待っていたら、決して進まない。「利益相反」があるからだ。官僚にとって、規制は権力の源泉そのものだし、民営化や組織縮小がなされれば自らの生活に関わる。

では、政治家ならどうかというと、こちらは「しがらみ」がある。改革のターゲットになる業界や団体と選挙を通じた関わりなどがあり、本当はおかしいと思っても、改革に反対せざるを得ないこともある。多くの改革テーマで、推進派はしばしば少数派だ。

だから、こうした改革は官僚機構や政治家だけに委ねず、その外側に、嫌われ役の民間人会議を設けるのが定石だ。もちろん民間人が万能なわけでも何でもない。だが、少なくとも、「利益相反」や政治家特有の「しがらみ」からは離れて、物を言えるからだ。

古くは1980年代、国鉄や電電公社の民営化は、清廉さで知られた「メザシの土光さん」（土光敏夫経団連会長）を会長とする土光臨調（臨時行政調査会）を舞台に進められた。土光臨調は、その後の規制改革や行政改革の源流になった。規制改革推進会議も国家戦略特区ＷＧも、土光臨調の流れを汲む。土光臨調は、改革対象からは嫌われても国民には強く支持されたので、その点では不肖の末裔かもしれないが、いずれも嫌われ役会議の後継組織にあたる。

マスコミが報じない「モリカケ」の実像

この本では、国家戦略特区ＷＧや規制改革推進会議で私自身が取り組んできた課題を題材に、「岩盤規制」改革の実像をお話ししたい。

加計問題（獣医学部新設）、放送制度改革、電波オークションといった話は、マスコミでもかなり報じられたので、だいたい知っていると思われる方も多いかもしれない。

しかし、当事者として関わってきた私からすると、マスコミでは報じられていないことが、もっと大事なことがたくさんある。

例えば、獣医学部新設は、私は国家戦略特区での一連のプロセスに直接関わった。当事者である私の知る事実と、マスコミで報じられていることはかなり違う。これは、2017年夏、国会に参考人として招致された際にも述べたことだが、まず第1章でお話しする。

もっと大事なのは、獣医学部新設には、より根本的な議論の歴史と背景があることだ。まず、獣医学部のみならず、大学・学部の設置のあり方に関する議論があった。かつての文部省の伝統的な方針は、自由な新設は原則認めず、他方、いったん設置された大学・学部は助成制度で守る、というものだった。これに対し、もう一つの考え方は、入り口は広げて競争させ、その代わり、質の低い大学・学部は退出させる、というものだ。

どちらをとるべきか、2000年前後にさんざん議論がなされ、2002年、後者への方針転換が閣議決定された。ところが、その後、実際の方針転換は十分なされず、獣医学部新設は全く進まず、そのため今回の国家戦略特区のプロセスに至った。

さらに、その背景には、教育分野だけでなく、規制制度全般、あるいは政府の役割そのものの転換の議論があった。１９８０年代以降、「需給調整の廃止」（政府が全知全能者のごとく需給をコントロールする制度から、市場に委ねる政策方針への転換）、さらに90年代後半からの「事前規制型から事後チェック型への転換」など、政府全体に及ぶ根本的な大転換が進められてきた。大学・学部設置に関する方針転換は、こうした大きな流れの一環だ。

大きな流れを知っておかないと、獣医学部新設など、個別の規制改革の意味は正しく理解できない。このため、第2章では、１９８０年代以降の規制改革（初期は規制緩和と呼ばれた）の歴史にかなりの分量を割いた。

モリカケ問題に関連して、「強すぎる官邸」も話題になった。「安倍一強で、官僚が『官邸に忖度』ばかりするようになった」などの指摘がしばしばなされる。これも、官僚機構改革に関する大きな流れを知っておかないと、文脈を捉えそこなう。

平成の30年の間に、さまざまな官僚機構改革が進められた。通底する主題は、「内閣主導（官邸主導）」への転換だった。

「内閣主導（官邸主導）」が進められたのは、伝統的な政策決定に問題があったからだ。伝統的な政策決定は、関係業界、族議員、役所というインナーサークルで閉鎖的になされていた。官僚たちは、民主主義のプロセスで選ばれる総理大臣や大臣の指示より、インナーサークルの利益の最大化を優先した。これは決して過去の話ではない。今もこうした行動原理は相当程度残る。だから、これまで少なからぬ総理大臣が規制改革を唱えたが、各論はなかなか進まなかった。

1990年代、特に橋本龍太郎内閣の頃から、これを解消するためさまざまな取組がなされてきた。これが「内閣主導（官邸主導）」だ。橋本内閣での行政改革というと「中央省庁再編」が有名だが、本題はこちらだった。「内閣人事局」もその一環で、橋本内閣の頃から長い議論が続けられ、紆余曲折を経て2014年にようやく発足した。

こうした流れを踏まえず、安倍内閣で突如「官邸主導」が出現したような言説も散見されるが、あまりに底が浅い。また、「官僚主導か政治主導か」を、もう終わった過去の議論のように捉える向きもあるが、これも認識不足だ。第3章では、官僚機構改革の流れをお話しする。

第4章以降では、最近の規制改革の事例をご紹介していく。「放送制度改革」や「電波オークション」については、マスコミではなかなか議論の実相が伝えられない。テレビと新聞が密接な関係にある中、マスコミはいわば利害関係者だから、これは仕方のないことだ。だから、マスコミを介さず、私が本を書く必要がある。

報道機関は、政府の監視の役割を担う。より良い政策が実現されるため、さらなる充実が欠かせないが、現実には、テレビも新聞もジリ貧に向かっている。これをどうしたらよいのか。「放送制度改革」で議論したのはその一端だ。

これからの「政府の役割」

規制改革や規制緩和は、世界の先進国では、1980―90年代の大きな潮流だった。日本では、議論は長年なされているが、まだ解決していない課題が少なくない。「電波オークション」はその典型だ。世界の先進国ではだいたい90年代に導入された。日本でも、同じ頃に議論はスタートしたものの、いまだ「検討中」だ。それ以外にも、もう20年ぐらい同じような議論をしている課題がいくつもある。

日本で「岩盤規制」と呼ばれるものの多くは、世界では前世紀に解決した、いわば「過去の課題」だ。

だが、課題はそれだけではない。世界の先進各国は、「格差とグローバル化の影」への対応に苦しんでいる。これが世界の「現在の課題」だ。さらに、これからは、AIやロボットに係る技術の飛躍的進化など、「第四次産業革命」への対応が最重要課題になる。これが「未来の課題」だ。これらについては第7章、第8章でお話しする。

前者に関しては「外国人雇用」、「働き方改革」、「教育」、後者については「シェアリングエコノミー」をはじめとする新たな社会変革への対応などを、規制改革推進会議や国家戦略特区で取り上げてきた。

規制改革とは、本質的には、「政府の役割」をどう設定するかだ。前世紀に世界でなされた規制改革は、近代社会の進化に対応し、市場経済が最も機能しやすくする設計にバージョンアップする取組だった。例えば、政府がビジネスに介入して「需給調整」などを行うことはやめ、市場メカニズムを前提とした役割への転換がなされた。

これから、第四次産業革命に伴って、社会のあり様は再び大きく変わっていく。あとでお話しするが、変革の規模は巨大であり、また、これまでの延長でもない。例えばシエアリングエコノミーは、技術革新の成果である反面、前近代社会への回帰でもある。

これからの「政府の役割」はどうなっていくのだろうか？ これまで30年間正解だったことが、5年後に正解であり続ける保証はない。また、変革の過程では、変革期だからこその政府の役割もある。新たな役割を世界の政府が模索している。そして、最適な答えを出した国がより豊かになるチャンスを獲得する。

日本が「過去の課題」も積み残したまま、同時並行で「現在の課題」「未来の課題」に取り組まなければならないのは、本当に苦しい。

しかし、過去を悔やんでも仕方ない。周回遅れは、ときに先頭に躍りでるチャンスにもなる。階段飛ばし、あるいは、英語でいえば「リープフロッグ」（蛙跳び）だ。そんな可能性についてもあとの章で触れる。

今こそ、大きな展望をもって、「政府の役割」の再設計に取り組むべきときだ。知恵をどれだけ絞っても、やり過ぎということはない。

その取組の一助となることを願って、規制改革の歴史と実像についてお話ししていきたい。

第１章　加計問題にみる岩盤規制の基本構造

あまたの岩盤規制の中でも異様な規制

○**吉田**（宣）委員：獣医学部新設を認めた理由は何であったのか、その経緯も踏まえて、原参考人からお話をお伺いしたいと思います。

○**原参考人**：お答えいたします。

まず、今回の規制改革は、大変控え目な規制改革であるということを申し上げたいと思います。かつて、小泉内閣のときの規制改革会議の前身では、事前規制から事後チェックへの転換を貫徹して、大学や学部の新設全般について、設置認可をやめる、届け出をすれば自由に新設できるようにする、そういった議論が、かなり大胆な議論がなされていたこともありました。これは実現していません。

今回の規制改革では、当時のような認可をやめるといった議論をしているわけではありません。獣医学部については、現状では、もう先ほど来再三お話がありますように、認可の申請を一切門前払いするという制度になっている。これを改めて、新設の認可申請を自由にできるようにするというものであります。

また、今回の規制は、国会で審議された法律ではなくて、文科省の告示であります。国会で議決された法律では、学部を新設するときは認可が必要と書いてあります。一方で、文部科学省の告示では、獣医学部は一切認可しないとルールを大きく書きかえているわけであります。そういった意味で、あまたの岩盤規制の中でも、かなり異様な規制ということではないかと思っております。（2017年7月10日衆議院文部科学委員会・内閣委員会連合審査会）

加計問題は、2017年春頃から国会やメディアで注目され始めた。安倍総理の友人が理事長を務める学園のため、国家戦略特区の枠組みを利用した利益誘導がなされたのではないかという〝疑惑〟だ。文部科学次官を退任した前川喜平氏が「行政が歪められた」として会見を開き、批判一色の様相となった。

私は、国家戦略特区ワーキンググループ（以下「特区WG」）の委員を務めている。獣医学部をめぐるここ数年の政策決定プロセスには、直接当事者として関わってきた。直接の当事者だった私からみると、真相は全く異なる。

真相は「歪められていた行政をただした」

まず、前川氏のいう「行政が歪められた」は、間違いだ。真相は、「歪められていた行政をただした」ということだ。

獣医学部の新設は52年なされてこなかった。一般に大学や学部は、文部科学省の認可プロセスを経て、適正な計画ならば認められる。ところが、獣医学部の場合、すでに存在する16学部だけしか認めず、新設は一切門前払いする規制があった。

新規参入に対する規制は、大学学部に限らず、さまざまな分野にある。運輸、宿泊、エネルギー、通信、放送、農林漁業、医療、介護、保育などなどだ。こうした規制はしばしば、参入のハードルを必要以上に高く設定し、過剰なものになりがちだ。すでに参入した事業者にとって、新規参入で競争相手が増えるのは望ましくないからだ。こうした既得権者が業界団体を作り、政治・行政に働きかけ結託し、過剰な規制を設定・維持していく。これが、いわゆる「岩盤規制」の基本構造だ。

だが、過剰な規制といっても、ふつうは、クリアするのがちょっと難しい条件を並べる程度だ。獣医学部のケースのように、「新規参入は一切禁止」という露骨で極端な規制はあまり例がない。しかも、これは、国会で議決された法律ではなく、文部科学省が独自に定めた告示に基づく。これが、私が国会で「あまたの岩盤規制の中でも異様な規制」と言った所以だ。

国会でも言ったように、私が委員を務める特区WGでは2014年以降、この問題を取り上げ、文部科学省などと協議を繰り返した。

まえがきでもお話ししたように、特区WGも規制改革推進会議も、不要な規制などにつき民間人の委員が問題提起し、関係省庁とガチンコで討議し、「撤廃」「緩和」などの結論を導く。違いは、規制改革推進会議は全国一斉での規制改革を目指し、特区WGは全国一斉で難しそうな課題につき地域限定で突破を目指すことだ。どちらの会議も共通して、議論はたいてい、「なぜそんな規制が必要なのか」と関係省庁に質問するところからスタートする。

獣医学部の新設禁止はなぜ必要なのか？　文部科学省の説明は、「獣医師の需給調整が必要なため」とのことだった。獣医学部の数がこれ以上増えると、将来獣医師が余ってしまうというのだ。

しかし、聞いていくと、この説明はよくわからない。獣医師の需要というが、家畜の数はまだしも、ペットの数が将来どうなるのか。10年後、20年後に新たなペットブームが来るのかどうかなどわかるはずもなく、どれだけ信頼性のある予測なのかさっぱりわからない。さらに、現実の社会では、獣医師が足りないという問題が起きている。地域によっては、家畜向けの獣医師が足りていない。感染症対策を担う公務員獣医師を自治体で確保できていない。これは、鳥インフルエンザやＢＳＥなどの新たな感染症が増える中で深刻な問題だ。さらに、製薬業界でも動物実験などを扱う獣医師が必要だが、これも足りていない。

一方、既存の獣医学部の入試倍率は概《おおむ》ね10倍以上だ。獣医師になりたい若者がいて、社会で獣医師不足が起きていて、文部科学省による「需給調整」は明らかに破綻している。それなのに、引き続き「需給調整」が必要だといって、獣医学部を増やせない。

若者たちの職業選択の自由が、合理的な理由もなく妨げられる。憲法違反といってもよい状態だ。

なぜこんなことが起きるかといえば、合理性などそっちのけで、政策決定が行われてきたからだ。つまり、文部科学省の説明は表向きの建前にすぎない。裏には、岩盤規制の構造が隠れている。新規参入を排除したい獣医師会が規制維持を求め、政治力を発揮し、行政もそれに従ってきた。あるべき行政が、利権構造のために歪められていたのだ。

新設を認めていた文科省

特区WGでは、こうした説明が妥当なのか、文部科学省と議論を繰り返し、最終的には、新設を認めることで合意した。立場は異なるが、真摯に何度も議論をし、結論に至った。これをあとから、当時、会議には出てこられていなかったが責任者だったはずの前川氏に「歪められた」といわれるのは、大変残念なことだった。

「総理の友人が理事長を務める加計学園だけが認められたのはおかしい」との批判もあった。これも、政策決定に関わってきた当事者からみると、筋違いだ。

特区WGの委員たちは、「2校でも3校でも新設を認めるべき」と主張していた。これに対し、「1校限定」に強くこだわったのは、獣医師会だ。特区WGの委員でもなければ、総理でもない。獣医師会が「1校限定」でなければ容認しないと強く反対した。獣医師会が強く反対しようと、「2校でも3校でも」を貫けばよかったではないかと思われるかもしれないが、そう簡単ではない。政策決定には、政府・与党での合意形成が必要だ。こうした強い反対を押し切ろうとすれば、また何年もかかりかねない。私たちは、それよりは、スピーディに一歩前進することを選び、当面「1校限定」でスタートすることにした。

そして、「1校限定」ならば、最も準備が先行している今治市と加計学園が選ばれるのは当然だった。そのほかに新潟市と京都府・京産大の提案もあったが、前者は具体化が進んでおらず、後者は具体的提案を示したばかりで準備は遅れていた。

一連のプロセスで、総理の友人関係は何の関係もなく、私はそんな話は知りもしなかった。利益誘導など存在しようがない。

歪められていた行政をただした。地域限定・1校限定で、まだ不十分な面はあった。それでも、52年間固まりきっていた歪みを小さくし、さらにただしていく起点を作った。これが、政策決定に直接携わった当事者としてみた、加計問題の真相だ。

「既得権団体」の利益が優先

加計問題は、なぜ、こんなに大問題になってしまったのだろう。なぜ、政策決定の当事者である私の認識と全く違うとらえられ方をされ続けるのだろうか。

大きな要因として、政府の説明が不十分な面があった。国会でのやりとりをみていても、政府側の答弁は説明が足りず、何か隠し事をしているかのようにみえることがあった。私自身も、政府の当事者の一人として、大いに反省しなければならない。何度か記者会見などもやったが、「正しいことをやったのに、なぜこんな見当はずれな批判を受けるのか」と思って、つい説明が雑になる面があった。

説明以前に、もうちょっと慎重に対応すべきこともあったと思う。官邸で総理秘書官が加計学園関係者に懇切丁寧なアドバイスをしたのは、悪気がなかったとしても不適切だ。総理との友人関係を考えれば、「李下に冠を正さず」を徹底すべきだっただろう。

ただ、やはり思うのは、「岩盤は堅い」ということだ。

岩盤規制に関してよく指摘されるのは「鉄のトライアングル」だ。さまざまな分野で、業界・政治・行政の三者が一体となって、岩盤のように堅く、既得権益が守られる。

例えば、農協も医師会も獣医師会も、国民全体・社会全体の中でみれば、ごく小さな集団に過ぎない。ところが、政策決定の局面では、国民全体の利益よりも、いわゆる既得権団体の利益が優先される。政治も行政もどちらも、既得権団体を優先する構造だからだ。

まず政治家にとっては、こうした団体は重要な集票マシーンだ。つながりの深い議員が族議員として、その分野の政策決定を左右する。

次に官僚機構は「縦割り」構造で、それぞれの業界・団体を所管する局や課が置かれている。担当の局長や課長にとっては、所管業界・団体の利益を実現することが最優先だ。

こうして、政治も行政も、国民全体の利益よりも既得権団体の利益に偏り、政策は歪む。いったん歪んだ規制が導入されると、これが岩盤となる。これが「鉄のトライアングル」と岩盤規制の構造だ。

獣医学部問題に関しては、獣医師会が既得権維持を求め、関係議員に働きかけ、文部科学省もこれに従った。文部科学省は、天下りなどを介した大学との貸し借り関係もあった。三者の利権構造から生まれたのが、52年間にわたる「獣医学部新設禁止」だった。

そして、利権構造を覆い隠すのが、役所の表向きの屁理屈だ。このケースでは「将来獣医師が余ったら困るから」という。よく聞いていくと屁理屈とわかるが、ちょっともっともらしくも聞こえる。さらに、マスコミは、重要な情報源である役所の影響を受けてしまうことも多い。だから、一般の人には、岩盤規制の本当の姿は、なかなかみえづらい。

こうして、岩盤は堅くなる。獣医学部問題でも、小さな穴をあけるのに長い長い時間がかかった。特区WGで議論したのは2014年からだったが、それ以前に、構造改革特区のプロセスでも愛媛県が10年間提案を続けていた。次章でお話しするが、さらにその前史となる大きな議論もあった。そして、ようやく穴をあけたかと思ったら、大反発が起きた。

つくづく、岩盤は堅いと思う。

理容室「謎の洗髪台」

岩盤規制の構造は、さまざまな分野で共通している。裏に利権があり、これをもっともらしく聞こえる屁理屈で覆い隠す。

例えば、「理容室の洗髪台規制」もそのひとつだ。まちによくある千円カットの店では、地域にもよるが、バックヤードに謎の洗髪台が置かれている。利用経験者ならご存じのとおり、千円カットの店では、洗髪はしない。髪の切りくずは掃除機のような装置で吸い込むので、洗髪台は全く使われない。それでも置かれるのは、多くの自治体で「理容室である以上、必ず洗髪台を設置しなければならない」との規制が、この10年ほどで急速に広まったためだ。

表向きの説明は「衛生上の観点から必要」だ。もちろん、実際には使われない千円カットにも洗髪台を求める理由にはならない。本音は、伝統的な理容室を守るため、千円カットの店舗スタイルを否定しようと、政治・行政に働きかけた結果だ。

まえがきでもお話ししたが、「医薬品のインターネット販売規制と顔色」の話も有名だ。医薬品のインターネット販売規制は一部緩和されたが、処方薬や効果の強い医薬品は今もインターネットで買えない。どんなに具合が悪かろうと、薬局で薬剤師さんと顔をあわせなければいけない。

表向きの厚生労働省の説明は、「薬剤師さんが店頭で顔色などをみて、副作用などを注意する必要があるから」だ。しかし、これも屁理屈に過ぎない。本音は、ここでもまた、古くからある町の薬局を守るため、政治と行政が結託した結果だ。

この「顔色」の話は、役所の屁理屈の典型例として、私はあちこちで紹介してきた。特別な事例と思われるかもしれないが、規制改革推進会議も特区ＷＧも、こんな議論ばかりだ。最近も、全く同じ議論が、クリーニング業で繰り返された。

クリーニングに出す衣類の受け渡しは、現行規制では原則、店舗のカウンターで行わなければならない。受け渡し用のロッカーの利用など、利用者にとって利便性の高まる工夫の余地は本当はいろいろある。しかし、現状ではごく部分的にしか認められない。

根拠は、またしても「顔色」だ。つまり、感染症などのおそれのあるときは仕分けて別に処理する必要がある。カウンターで持ってきた人の顔色をみれば病状が判断できる、という。言うまでもないが、クリーニング店の店員にふつうは医療知識はない。また、衣類を持ってくるのは本人と限らないし、本人が来るにしても普通は病状が少し収まってから来るだろう。

会議でこの説明をした厚生労働省の担当課長に、さすがに「ご冗談かと思いますが……」と確認してみたが、真面目に説明していたらしい（2018年3月9日　規制改革推進会議第2回専門チーム会合）。屁理屈をこねようにも、それぐらいしかこねようがなかったのだろう。もちろん、これも本音は、伝統的なクリーニング店を守るため、政治・行政が結託した結果だ。

こうして、岩盤は守られている。

規制改革はなぜ必要か

バカバカしい規制の例は挙げればキリがない。日常生活上の利便性をもっと高められるはずなのに、わざわざ規制によって阻まれているケースもたくさんある。

ただ、規制改革が必要な理由は、単に現状の規制がバカバカしいからだけではない。ちょっと利便性が損なわれているという程度の問題でもない。もっと本質的な理由は、こうした規制が日本の経済成長を阻んできたこと、そして、これからさらに日本を貧しくしかねないことだ。

少し話が広がるが、全体像からお話ししておく。日本の国内総生産（ＧＤＰ）は１９６８年、米国に次いで世界2位となった。90年前後には、いずれ米国に迫るのではないかとみられたことさえあった。しかし、その後再び米国との差は大きく開き、２０１０年には中国に抜かれ、42年ぶりに「世界第2の経済大国」の座を明け渡した。

今後、米国・中国との差はますます開き、世界経済に占める地位は低下する。なぜなら、ＧＤＰは、「一人当りＧＤＰ」と「人口」の掛け算だからだ。日本は、各国と比べ突出して人口減少に直面している。２０１１年から持続的減少に転じ、約1億２７００

万人の人口は2050年代には1億人を割り込む。現在20歳の若者たちが50歳を迎えるころまでに、カナダ一か国分に相当する人口が消失する。

より深刻な問題は、一人当りGDPも決して高くないことだ。購買力平価ベースで比較すると、米国には遠く及ばず、主要先進国の中で最低水準だ。一方、かつてはけた違いだった中国が後ろに近づきつつある（図表1）。

そして、今後の見通しは、残念ながらさらに厳しい。理由は、日本では、人口減少と同時に、人口構成も激変するからだ。これから2050年までの間、人口全体は大きく減るが、65歳以上の人口はむしろ微増し続ける。一方、いわゆる生産年齢人口（15―64歳）は3分の2に激減する。一人当りGDPは、働いている人たちが生産活動を通じて生み出した金額（付加価値）を、全人口で割った金額だ。働く人たちが減れば、放っておけば一人当りGDPは下がる。

もちろん「生産年齢人口」の上限は実際にはもっと上がってきているし、これから医療技術やロボットスーツなどが進化すれば、100歳の人でも元気に働けるようになるかもしれない。しかし、技術進化は世界共通だから、日本の高齢者だけが突然変異でもしない限り、日本が各国より不利になることは変わらない。

図表１　一人当りGDP（購買力平価）

	日本	米国	ドイツ	英国	フランス	中国
1980	8,921	12,576	11,274	8,879	10,764	310
1990	19,782	23,914	20,726	17,539	19,662	979
2000	26,850	36,433	29,840	26,669	28,515	2,918
2010	35,157	48,311	40,851	36,038	37,284	9,252
2017	42,832	59,501	50,425	44,118	43,761	16,660

単位：万ドル　出典：IMF

「経済成長など目指す必要はない」との主張もある。しかし、一人当りＧＤＰは、国民ひとりひとりの豊かさに直結する。その世界ランキングが現状より下がれば、日本は先進国からの転落への道に入り込む。日本が、世界の中で現状並みに豊かな国であり続けようとするならば、一人当りＧＤＰを高めていく取組が必要だ。

日本の労働生産性が低い理由

では、日本の一人当りＧＤＰはなぜ、主要先進国と比べて低迷してきたのだろうか。

一人当りＧＤＰは、分数の掛け算で、以下の３つの要素に分解できる。

［一人当りＧＤＰ］（ＧＤＰ／人口）＝［就業者／人口］×［一人当り労働時間］（労働時間／就業者）×［時間当り労働生産性］（ＧＤＰ／労働時間）

［就業者／人口］と［一人当り労働時間］は説明不要だろう。最後の（GDP／労働時間）は、同じ一時間働いても、労働者個人の能力や、与えられた環境（例えば、職場でパソコンを与えられているのか、すべて手作業を求められるのか）によって、成果は全く異なる。これが、［時間当り労働生産性］だ。

日本の一人当りGDPが低いのは、これら3つの要素の少なくともどれかが劣っているからだ。問題はどこか。

結論からいえば、［就業者／人口］でも［一人当り労働時間］でもない。

日本は少子高齢化が突出しているので、［就業者／人口］が要因かと思われるかもしれないが、そうではない。たしかに生産年齢人口の比率は低いが、その代わりに就業率、特に高齢層の就業率が高い。結果として、［就業者／人口］は主要先進国の中で高い方だ。

ついでながら、女性の活躍が遅れているとの問題もよく指摘されるが、就業率自体は決して低くない。むしろ問題があるとすれば、男女の賃金格差。つまり、責任ある仕事に女性がついていないことだ。

［一人当り労働時間］が低いわけでもない。むしろ「日本人は働きすぎ」が世界の通念

だ。データをみると実は米国人の方がもっと働いているが、とはいえ少なくとも、日本人の労働時間が短すぎて問題なわけではない。

残るのは、「労働生産性」だ。これは主要先進国の中で明らかに低い。ＯＥＣＤ（経

図表2　OECD加盟諸国の時間当たり労働生産性（2017年／36ヵ国比較）

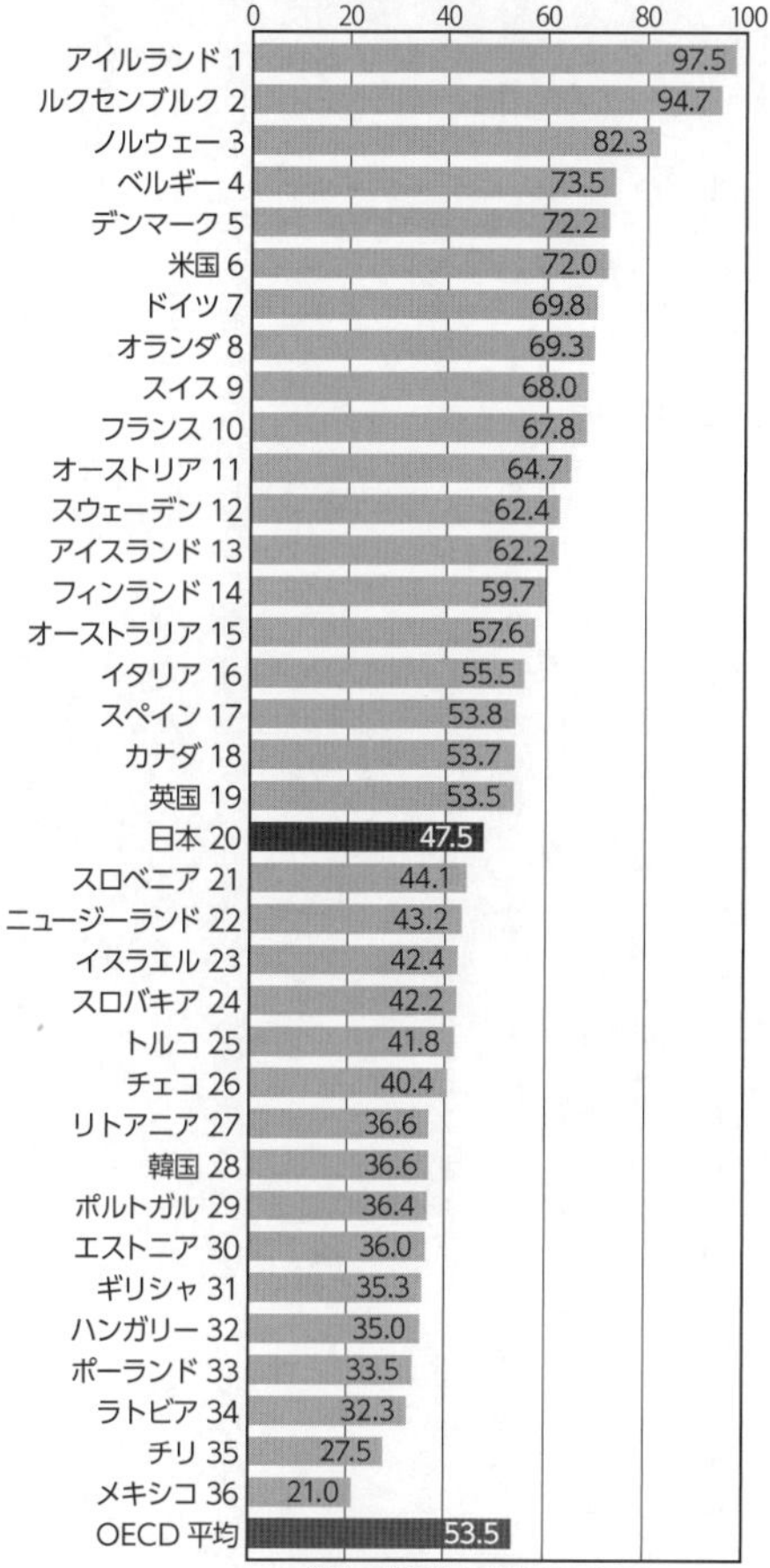

単位：購買力平価換算 USドル
出典：公益財団法人　日本生産性本部

済協力開発機構）平均より低い状態が続いている（図表2）。ここが問題だ。

なぜ労働生産性が低いのか。

端的に言えば、経営者と政府がダメだからだ。

まず、日本の労働者が質が低くて怠け者なわけではない。特にグローバルな仕事の経験のある方なら、実感をもって共有していただけるかと思う。問題は、せっかく優秀で勤勉な労働者がいるのに、それを使いこなせていない経営者だ。

そして、なぜ経営者がダメかというと、これは政府の問題でもある。本来ならば、ダメな経営者がいても、もっと良い経営者が現れて業績を伸ばし、ダメな経営者は自ずと駆逐されていくはずだ。ところが、多くの業界では、政府がわざわざ、生産性の低い事業者を守っている。岩盤規制が典型だ。これが補助金と組み合わされている場合もある。

例えば、先ほどあげた理容室、薬局、クリーニングなどの事例はいずれも、新たなビジネスモデルや工夫を禁止し、昔ながらの事業者が昔ながらの運営を続けられるように保護している。農業では、企業の農地所有を禁止して昔ながらの零細農家を保護し、さらに多額の補助金が投入されている。

こうした事例は、日本経済全体の中ではごく小さな話だと思われるかもしれないが、違う。日本の労働生産性が低いのは、全体の平均の話だ。グローバルな競争の中で戦っている製造業などの労働生産性は、決して低くない。低いのは、グローバルな競争にさらされていない地域密着型のサービス産業や、農林水産業などで、これらが全体平均を押し下げている。岩盤規制が最も頑強に残るのは、こうしたひとつひとつの産業規模は決して大きくない領域だ。

そして、何か新しいことをやろうとすれば、いちいち役所にお伺いを立てなければならない。結果として、新たなビジネスモデルの開発やイノベーションにはブレーキがかけられ、何もやらないダメな経営者が守られる。あとの章でお話しするが、こうした「事前規制型」の行政体系からの転換は長年唱えられてきた。しかし、まだ少なからず残されている。これが、日本の労働生産性を低下させてきた。

だから、規制改革が必要だ。断行しない限り、これからの日本は貧しくなり続ける。

第2章　「20世紀の規制改革」を怠った日本

世界の規制改革と日本の「岩盤規制」

「規制改革」は、主要先進国では、主に1980―90年代の潮流だった。初期には、「規制改革」ではなく、「規制緩和」と呼ばれたが、その意味はまたあとでお話しする。

起点となったのは、米国のカーター政権（77―81年）での航空分野の規制緩和だ。かつては航空分野では、世界中どこの国でも、どの航路でどれぐらい需要があるかを政府が判断し、それに見合った供給がなされるように、就航と運賃を認可する仕組みだった。こうした需給調整を、政府が担うのではなく、市場メカニズムに任せる方向での規制緩和（自由化）が米国から始まり、世界に広がった。

その後、米国のレーガン政権（81―89年）、英国のサッチャー政権（79―90年）の時代には、民営化と規制緩和はさらに強力に推進された。航空やトラックなど運輸部門のほか、通信自由化、金融自由化、電力自由化など、さまざまな分野にも広がった。例えば通信分野では、英国では電気通信公社の民営化、米国ではＡＴ＆Ｔの分割がなされ、やはり、需給調整を政府が担うのでなく、市場と競争に委ねる政策転換が図られた。

一連の動きは、先進国全体での大きな政策転換の流れだ。１９３０年代のニューディール政策の頃から、先進国の多くでケインズ主義・混合経済的な政策体系が採用された。20世紀終盤までは、運輸、通信、電力など多くの分野で、国営企業や公営企業が担い手となり、あるいは民営であっても政府が需給を調整することが世界標準だった。しかし、70年代以降、その限界が露呈し、市場重視への政策転換が進められた。これが、80—90年代を中心とした規制改革の潮流になっていく。

日本も、こうした波に乗っていなかったわけではない。レーガン・サッチャーと同時期の中曽根内閣（82—87年）では、経団連名誉会長の土光敏夫氏を会長とする土光臨調を舞台として、国鉄や電電公社の民営化などが進められた。90年代に入ると規制緩和は重要政策課題と認識され、95年には、規制緩和を担う政府機関として、行政改革委員会規制緩和小委員会が設けられた。これは、会議名称を変えながら、私が委員を務めてきた規制改革推進会議などにまで至る、規制改革の会議の始祖だ。運輸、通信、金融など諸分野での規制改革も進められた。

だが、議論されたが進まなかった規制改革が少なからずあった。典型例は、電力自由化と電波オークションだ。いずれも、主要先進国では90年代に盛んに議論された政策課題であり、次々に導入されていった。日本では、議論は同じ頃にスタートしたが、実現は遅れに遅れた。電力自由化は長年懸案とされたが、電力会社の反対が強く、なかなか実現しなかった。各家庭で電力会社を選べるようになったのは、ようやく２０１６年４月のことだ。電波オークションはさらに遅い。こちらも議論は90年代からなされていたが、２０１９年1月時点でいまだに議論中だ。ほかにも、90年代から議論はなされ、いまだに実現していない規制改革が少なくない。長年議論されているが、動かない。これが「岩盤規制」と呼ばれる所以だ。

世界では前世紀に進められた規制改革が、日本ではなかなか進まず、「岩盤」として残された。これが、日本経済の飛躍を阻んできた。

事前規制型から事後チェック型へ

20世紀終盤、日本でも、決して何も動いていなかったわけではない。

１９９７年12月に橋本龍太郎内閣で、行政改革委員会（委員長：飯田庸太郎三菱重工相

談役）が橋本総理に提出した「最終意見」をみれば、規制改革の基本指針は明快に示されている。

まず、規制緩和・撤廃に関連して全般的な行政の手法の変化が総じて見られることを述べておきたい。

いわゆる事前規制型の行政から事後チェック型の行政への転換、業者行政から市場行政への転換である。日本経済の規模そして市場経済の本質を考えれば、何がどのように供給されるかを、事前に全て行政が適切に決定することは困難である。今後の行政の在り方として、予防的に規制し監督を行うのでなく、市場における国民の選択を基本とし、市場機能を信頼し、公正なルール作りと不適格事業者の厳しい事後チェック・監視が行政の役割でなければならない。

免許などにより市場への参入を規制し、限られた事業者を予防的に監督することで国民の利益を擁護しようとする行政スタイルが、結果的には非効率な既存事業者の温存そして消費者利益の阻害という弊害をもたらしていることが多い。規制産業における不祥事の発生は、事前規制型の行政が有効に機能し得なくなっていること

を示していると考えられる。（1997年12月12日　行政改革委員会「最終意見」。傍線筆者）

「事前規制型から事後チェック型へ」。これは、規制改革の根幹となる考え方だ。

伝統的な行政では、何かやろうとすると、いちいち役所にお伺いを立てなければならなかった。新たに業界に参入するには、免許を受けなければならない。いったん参入したのちも、新商品・サービスを売り出そうとすれば、行政の許認可を受けなければならない。運輸、通信、金融など多くの分野で、値段をどうするか、仕様をどうするかなど、すべて役所の許認可や指導のもとに決めなければならなかった。

これが「事前規制型」の行政だ。行政改革委員会意見書の言葉でいえば、「何がどのように供給されるかを、事前に全て行政が適切に決定」する方式だった。

これを、「市場における国民の選択」を基本とした行政へと転換する。市場への信頼を原則とし、基本は消費者の選択に委ねる。行政は、商品・サービスがどうあるべきかなどにいちいち口を出さない。ただし、必要最小限のルール（例えば安全確保、消費者保護など）は設定し、不適格な事業者には改善や退出を求める。また、強力な事業者

（典型的には、民営化直後のＮＴＴなど）が存在し、実質的に競争にならないような場合には、競争を促進するためのルールを設定し、市場が適正に機能しているかを監視する。これが「事後チェック型」の行政だ。

「事前規制型から事後チェック型へ」は、世界の規制改革の流れを汲み、わが国における80―90年代の初期の取組を経て、90年代後半に定式化された。政府の役割を大転換しようという、壮大な方針といってよい。政府全体の方針として閣議決定もなされ（1997年12月20日　閣議決定『規制緩和の推進等について』など）、その後、2000年代の小泉純一郎内閣などにも受け継がれていった。

前進した分野もあったが……

「事前規制型から事後チェック型へ」は、単なる総論だけで看板倒れに終わったわけでもない。

各論での前進もあった。運輸、通信、金融などの分野では、90年代から2000年代はじめにかけて、「事前規制型から事後チェック型へ」の大方針に基づき、大きな改革が進められた。

代表例をあげれば、タクシー分野だ。かつては1951年道路運送法に基づき、車両数の需給調整（参入時の免許制、退出時の許可制、増減車の認可制に基づく）、同一地域同一運賃の運賃規制が行われていた。行政が車両数の需給を判断し、供給過多のときは新規参入や増車は認められなかった。運賃は、事業者が自由に設定できず、行政が適切な水準を決定していた。つまり、「事前に全て行政が適切に決定する」方式の、典型的な事前規制型だった。これが90年代から段階的に緩和され、2002年道路運送法改正（成立は99年）により需給調整規制の廃止、上限運賃制への移行に至った。

航空分野も同様だ。かつては1952年航空法により、路線ごとの需給などを行政が判断し、参入・退出規制、運賃規制などがなされていた。航空分野の場合は加えて、航空3社（日本航空、全日本航空、東亜国内航空）による事業分野のすみ分けもあった。85年にまず日本航空民営化と3社すみ分けの解消がなされ、さらに2000年航空法改正（成立は99年）により参入・退出規制の緩和（需給調整の廃止、路線ごとの免許制から事業ごとの許可制へ）、運賃規制の緩和（認可制から事前届出制へ）などがなされた。

このほかにも、通信分野では、85年の電電公社民営化（NTT発足）を踏み台として、97年に参入規制の緩和（需給調整の廃止）、98年に料金規制の緩和（認可制から事前届出制へ）、さらに2004年には参入許可制の廃止、料金規制の原則撤廃に至った。

金融分野では、96年以降の金融システム改革（日本版ビッグバン）により、護送船団方式の行政から、ルールに基づく行政への転換が図られた。

電力分野では、その後停滞してしまうのだが、90年代後半には、発電部門への参入規制緩和（95年）、小売部門の一部自由化（99年）などがなされた。

建築分野などの安全規制の領域では、製品や技術の仕様を役所が事細かに定める「仕様規制」から、一定の性能を満たせば仕様は民間に委ねる「性能規制」への転換が進められた。

こうした分野において「事前規制型から事後チェック型へ」の転換は、分野ごとに程度の差はあれ、概ね20世紀のうちにかなり進展した。

しかし、その一方で、転換から取り残され、昔ながらの行政のままになっている分野も存在する。

獣医学部の新設禁止はその一例だ。文部科学省はいまだに獣医師と獣医学部の二重の「需給調整」を行っている。数十年後に家畜やペットの数がどれぐらいになるかを予測し、それに合わせて獣医師をどれだけ供給（養成）すべきかをコントロールする。そのため、獣医学部の新設を一切禁止し、学部の数をコントロールする。97年「最終意見」で転換が求められたはずの、「何がどのように供給されるかを、事前に全て行政が適切に決定する」行政手法が、今もそのままだ。

電波割当も同じだ。総務省はいまだに、誰がどの帯域を使うべきか、総務省が最も適切に決定できると主張する。タクシーでは、行政による需給調整がいったんは廃止されたが、その後復活する動きが起きている。

前章で触れた、理容も、クリーニングも、医薬品販売も、いずれも不合理な事前規制の事例だ。「何がどのように供給されるかを、事前に全て行政が適切に決定する」ことを前提とした規制だ。こうした事例はほかにも大量に存在し、だから、規制改革推進会議の答申では、数え方にもよるが毎年100以上の項目が取り上げられ続けている。

残念ながら多くの分野で、日本政府はいまだに「事前規制型」の行政から抜け出せていない。20世紀からの課題が積み残されたままだ。

ひとつひとつをみれば、金融や航空の産業規模とは桁がいくつも違うものが大半だ。しかし、こうした小さな積み残しの蓄積が、日本経済の足かせとなってきた。

図表3 日本での規制改革の流れ

	経済的分野	社会的分野	民営化
土光臨調 中曽根内閣～ (1980年代)	民活と外圧 需給調整廃止	×	国鉄・電電公社
細川内閣～ (1990年代)	「原則撤廃」 航空、タクシー、トラック、通信	「最小限」	
小泉内閣 (2000年代)		重点がシフト 教育、医療、保育など	郵政、政策金融 市場化テスト
安倍内閣 (2013年以降)	「岩盤規制改革」		コンセッション

土光臨調の三公社民営化

話を少し戻し、80―90年代の規制改革（初期には「規制緩和」という言葉が使われる）の歴史から振り返ってみる（図表3）。

日本で「規制緩和」が本格的に取り上げられ始めたのは80年代だ。それ以前も、行政事務縮小の観点から取り上げられることはあったが、民間の事業環境の改善、経済構造の変革といった観点は乏しかった。

今日の「規制改革」に連なる取組の起点となるのは、81年、鈴木善幸内閣、中曽根康弘行政管理庁長官のもとで設けられた「臨時行政調査会」、いわゆる「第二臨調」だ。会長の名から「土光臨調」とも称された。

第二臨調では、財政再建と行政改革を主眼とし、歳出削減、特殊法人整理など、幅広い課題に取り組んだ。その中でも最大の成果となったのが「三公社民営化」だ。83年、日本国有鉄道、日本電信電話公社、日本専売公社の民営化の方針が示され、その後、鈴木善幸内閣から中曽根康弘内閣に替わったのち、JR各社への分割民営化（87年）、NTT発足（85年）、JT発足（85年）に至った。

「民営化」と「規制緩和」は兄弟のようなものだ。ある事業分野を公的機関が担うことは、それ自体が市場への介入であり、一種の規制に相当する。80年代の英国サッチャー政権でも、「民営化」と「規制緩和」はパッケージで進められた。

第二臨調においても、「民営化」だけでなく、「規制緩和」も課題として示された。第二臨調「基本答申」（82年）の第一部「行政改革の理念」では、「民営化」などと並び、以下の方針が掲げられた。

民間に対する指導・規制・保護に重点を置いていた行政から、民間の活力を基本とし、その方向付け・調整・補完に重点を置く行政への移行（1982年7月30日臨時行政調査会「行政改革に関する第三次答申―基本答申」）

本格的な具体論にまでは至っていないが、のちに「事前規制型から事後チェック型へ」として定式化される「規制改革」の大方針の萌芽は、すでに1982年「基本答申」の中に現れていた。

「民間活力」提唱した第一次行革審

第二臨調はもともと時限組織として設けられていた。その解散(1983年)後は、後継組織として臨時行政改革推進審議会(1983—86年、会長:土光敏夫経団連名誉会長)、いわゆる「第一次行革審」が設置された。中曽根内閣(1982—87年)のもと、第一次行革審を舞台に、「民営化」と「規制緩和」は引き続き推進された。

ちなみに、「行政改革」という言葉は、当時は、「民営化」「規制緩和」「地方分権」などを広く包含していた。第二臨調も第一次行革審もこれら課題に幅広く取り組んだ。最近では、それぞれ専門に扱う会議体や部署が設けられ、「行政改革」というと、ずっと狭義で、省庁再編や公務員制度など「行政機構の改革」だけを指すと捉えられることが多い。専門的な取組が本格化した結果ではあるが、他方で、改革推進側の分裂・縦割りにより、全体を俯瞰する視点の欠落、統合的な推進力の低下がもたらされている面もある。

それはさておき、第一次行革審に話を戻すと、当時のキーワードは「民間活力の活用」だった。「民間活力推進方策研究会」という組織も設けられた。

　今回の行政改革は（中略）公的部門の役割を見直して、民間部門の活力に依拠した新しい社会経済システムを構築しようとするものである。（「民間活力の発揮推進のための行政改革の在り方」、1985年2月　臨時行政改革推進審議会・民間活力推進方策研究会）

「民間活力の活用」は、その後の「民営化」や民間活用の原点となった。

この頃から十数年を経て小泉内閣では、「民間でできることは民間で」を旗印とし、郵政民営化、道路公団民営化などが進められた。刑務所の官民協同運営や、駐車違反取締の民間開放がなされ、これらを基に、役所と民間事業者を競わせる「市場化テスト」の制度も創設された。さらに時を経て、安倍内閣のもとでは、空港や水道などの公共インフラの運営権を民間事業者に与える「コンセッション」が推進されている。これらの本家は、中曽根内閣の「民間活力の活用」だった。

　また、「規制緩和」の具体論も本格化した。特に注目されたのは、「民間活力」による都市再開発だ。中曽根総理のリーダーシップで、都心の高層建築化のため容積率緩和、市街化調整区域の線引き見直しなどが進められた。これらの措置は、マンションなどの建設供給の拡大に直結する。規制緩和で民間活力を活かす、即効性ある景気浮揚策と位置付けられた。

　ちなみに、都市開発関連の規制改革も、その後の政権でバージョンアップが重ねられる。小泉内閣での２００２年「都市再生特別措置法」、２０１３年の国家戦略特区での特例創設など、いずれも大規模な再開発プロジェクト（例えば、前者では六本木ヒルズ、後者では大手町・丸の内・有楽町、虎ノ門、品川の再開発など）につながるが、これも原点は中曽根内閣だった。

　当時のもうひとつのキーワードとして、「外圧」にも触れておく。

　80年代半ばは、日米貿易摩擦が新たな段階に移行した時期だった。それ以前は、繊維、鉄鋼、テレビ、自動車など、日本からの輸出品目の自主規制が主戦場だった。これに対し、80年代半ば以降は日本市場の開放が大きな争点となる。その中で、国内の規制制度に関わる要求もつきつけられるようになった。

85年、中曽根・レーガン合意に基づきスタートした「MOSS協議」（市場志向型分野別協議：Market-Oriented, Sector-Selective）では、通信、医薬品、エレクトロニクスなどが対象分野となり、通信サービス市場の一部自由化などが合意された。続いて89年に開始された日米構造協議では、大規模小売店舗法（大店法）の見直しなどが争点となった。中小流通業への配慮から大規模小売事業者の出店や営業時間などを厳しく規制していた法律だ。協議を踏まえ、91年には大店法改正・運用緩和が行われた。

背景はそれぞれ、米国の事業者が日本市場進出を狙っていたことだった。こうした記憶も手伝って、「規制緩和＝米国の要求への屈伏」のようにとらえる向きもある。しかし、大店法の規制緩和の結果、米国の大手流通業者が日本市場を席巻したかといえば、そんなことにはならなかった。参入に成功したといえるのは、トイザらスなど一部にとどまった。反面、90年代以降、全国各地に大型ショッピングセンターが作られ、今や生活の基盤のひとつといえるほどに国民の利便性向上に貢献した。その裏側でシャッター街が生まれたことは否めないが、これはまた別の問題だ。

モバイル通信市場でも、モトローラは大きな存在感を示すことはなく、2014年以降は中国企業レノボの傘下になった。一方で、自由化を通じ、国民の利便性向上と業界の隆盛はもたらされた。

結果からみれば、「外圧を利用した」ということだ。


「経済的規制」と「社会的規制」


「経済的規制」と「社会的規制」という言葉が、規制改革の世界ではよく出てくる。80年代から、これらを区別した議論はしばしばなされた。基本用語なので、おさえておく必要がある。前者は、産業政策（産業育成、産業保護など）の観点から、事業への参入、価格の決定などに介入する規制。後者は、健康、安全、環境、消費者保護などの観点での規制だ。

80年代には、これらのうち主に「経済的規制」が対象とされていた。例えば第一次行革審の報告書では、「経済的規制を中心とした規制の緩和、見直し」が課題との記載がある（「民間活力推進方策研究会」報告書、１９８５年）。

「経済的規制」の代表例が「需給調整」規制だ。行政が需給の見通しを判断し、供給が足りていると判定すれば参入を認めない。この章のはじめでもいくつか例をあげたが、かつては、航空、タクシー、トラック、通信、金融、酒の製造・販売などさまざまな分野でこうした規制がなされていた。

「需給調整」規制は、供給過剰を防ぐことが目的だが、実質的には既得権保護の機能を果たしがちだ。すでに参入している事業者にとっては、行政の手によって、新規参入を排除し、競争の荒波から守ってもらえる。多くの「需給調整」の裏側には、既得権業界と政治・行政が結託した「鉄のトライアングル」があった。

こうした事情は、日本だけでなく、各国も同様だった。米国のカーター政権で70年代に航空分野の規制緩和が始まり、80年代以降、「需給調整」を先頭に、規制緩和の波が先進各国に広がった。

世界の潮流に対応し、日本でも、「需給調整」を廃止する方針は比較的早い段階で打ち出された。92年、第三次行革審（１９９０年設置。会長：鈴木永二経団連会長）のもと、「原則10年以内に廃止」の方針が示された。

競争的産業における需給調整の視点からの参入・設備規制については、原則として、10年以内のできるだけ早い時期に廃止の方向で検討する。（１９９２年6月19日第三次行革審「第三次答申」）

「規制緩和」をさらに重要政策課題に押し上げたのが、93年に発足した細川護熙内閣だった。

特に、細川首相の私的諮問機関である経済改革研究会（座長：平岩外四経団連会長）、通称「平岩研究会」が大きな役割を果たした。研究会のまとめた最終報告書（1993年12月）、いわゆる「平岩レポート」では、「5つの政策の柱」の第一に「規制緩和」が掲げられた。

「経済的規制は原則自由に（例外的な場合を除き規制撤廃）、社会的規制は必要最小限に」との考え方が示されたのもこの研究会だ。

経済的規制は「原則自由」に（中略）社会的規制は「自己責任」を原則に最小限に（経済改革研究会「1993年11月　規制緩和について（中間報告）」）

ポイントはふたつある。ひとつは、「需給調整」だけでなく、「経済的規制」すべてを原則廃止する方針を示したこと。もうひとつは、従来は見直しの対象外になりがちだった「社会的規制」も明確にターゲットに加えたことだ。

そこでのキーワードが「自己責任」だった。安全確保や消費者保護などの規制が過剰になっているとし、個人の「自己責任」の重視が強調された。

細川内閣は短期間しか続かず94年4月には退陣する。しかし、「自己責任」の重視、「経済的規制は原則自由に、社会的規制は必要最小限に」は、その後の自社さ政権、橋本内閣にも受け継がれる。90年代後半の「規制緩和」の基本原則として、閣議決定でも繰り返し確認されることになった（1995年閣議決定「規制緩和推進計画」、1998年閣議決定「規制緩和推進3か年計画」など）。

「規制緩和」はこうして、「需給調整」廃止から「経済的規制」廃止へ、さらに「社会的規制」へと範囲を拡大した。

「規制緩和」から「規制改革」へ

もうひとつ、細川内閣の重要な置き土産がある。「平岩レポート」では、民間人で構成され、独自の事務局なども有する、強力な「第三者機関」の設置が提案された。

図表４　規制改革の第三者機関の系譜

	設置期間	内閣	議長など	主な成果
行政改革委員会規制緩和小委員会	1995.4-1997.12	村山、橋本	宮崎勇大和総研特別顧問ほか	通信、運輸、電力
行政改革推進本部規制緩和（規制改革）委員会	1998.1-2001.3（1999.4名称変更）	橋本、小渕、森	宮内義彦オリックス社長（のち会長）	金融、通信
総合規制改革会議	2001.4-2004.3	森、小泉	宮内義彦オリックス会長	構造改革特区農業、教育、労働
規制改革・民間開放推進会議	2004.4-2007.1	小泉、安倍	宮内義彦オリックス会長→草刈隆郎日本郵船会長	市場化テスト
規制改革会議	2007.1-2010.3	安倍、福田、麻生、鳩山	草刈隆郎日本郵船会長（のち相談役）	コンビニ医薬品「退嬰の期間」
行政刷新会議規制・制度改革委員会	2010.3-2012.12	鳩山、菅、野田	岡素之住友商事相談役	エネルギー
規制改革会議	2013.1-2016.7	安倍	岡素之住友商事相談役	農協改革
規制改革推進会議	2016.9-2019.7	安倍	大田弘子政策研究大学院大学教授	

これを受け、１９９４年に「行政改革委員会」、そのもとに「規制緩和小委員会」（小委員長：宮崎勇氏）が設けられた。第二臨調や行革審で蓄積された運営方式（官民半数程度で構成する独自事務局など）を受け継ぎつつ、より強力な機関とするため、総理や大臣に対する法的な勧告権限も与えられた。

ここから、規制緩和・規制改革の本格的な動きが始まった。第三者機関は概ね３年の時限機関として設けることが慣例化し、期間が終わると衣替えを繰り返し、私が現在委員を務めてきた規制改革推進会議などにまで至っている（図表４）。

この章のはじめでご紹介したように、「事前規制型から事後チェック型へ」の大方針は、

「行政改革委員会」（1994—97年）の時代に確立した。この時期に、特に運輸、通信、金融などの分野に力が注がれ、「事前規制型から事後チェック型へ」の転換で相当の成果があったことも、すでにお話しした。

「規制緩和から規制改革へ」と言葉が切り替わったのは、これと密接に関連する。組織名称が「行政改革推進本部・規制緩和委員会」から「行政改革推進本部・規制改革委員会」に変更されたのは1999年だ。このときの公式文書では、こう説明されている。

規制改革（規制の緩和、撤廃及び事前規制型行政から事後チェック型行政に転換していくことに伴う新たなルールの創設、規制緩和の推進に併せた競争政策の積極的展開等）について調査審議していくことをその任務とする（「規制緩和委員会の名称変更等について」1999年4月6日　行政改革推進本部長決定）

つまり、規制はすべてなくせばよいわけではない。「規制緩和」だけでなく、「事前規制型から事後チェック型」への行政体系の転換を進める。これに伴い、新たなルールの創設、競争政策の積極的展開なども必要になる。両面を包含した概念が「規制改革」だ。

こうした考え方は、日本独自ではない。欧米各国やＯＥＣＤなどでも、90年代頃から、競争促進などの観点が重視されるようになった。例えば、実質的に市場を支配する強力な事業者が存在する場合、単に規制緩和して「新規参入も可能」というだけでは、現実には競争は困難だ。実質的な効果をもたらすには、競争促進のためのルールの創設、独禁法の執行強化などもセットで必要だ。こうした考え方が確立され、言葉のうえでも、「規制緩和（deregulation）」でなく「規制改革（regulatory reform）」の語が用いられるようになった。

「社会的分野」が議論の中心に

もちろん、「規制緩和」から「規制改革」への転換が、99年から突然なされたわけではない。

各論はもっと前から先行していた。例えば、通信分野の「ドミナント規制」だ。電電公社民営化と規制緩和がなされたものの、実態としてはＮＴＴなどがアクセス回線を握り、新規参入者は不利な立場にあった。そこで97年、需給調整廃止や料金規制緩和などがなされたのと同時期に、ドミナント規制が導入された。アクセス回線で支配的立場にある事業者に対し、アクセス回線の開放、接続料の約款化が義務付けられた。つまり、競争促進のための新たなルールの創設だ。

こうした先行事例があって、「事前規制型から事後チェック型へ」の大方針が確立し、「規制緩和から規制改革へ」の名称変更もなされた。

90年代後半には、対象範囲の拡大も進んだ。「経済的規制」だけでなく、医療、介護、教育、労働など「社会的規制」の議論が徐々に本格化した。医療の理事長要件や広告規制の緩和、医療・教育への企業参入、大学の飛び入学、労働者派遣の制度改正などが議論の俎上にのぼったのは、この時期だ。

そして、「社会的分野」へのシフトがより鮮明になったのが、21世紀に入り、小泉内閣（2001―06年）になってからだ。会議の系譜でいえば「総合規制改革会議」（2001―04年）の時期にあたる。

この頃までに、「経済的分野」（運輸、通信、金融など）の改革では相当の進展があった一方、「社会的分野」（医療、介護、教育、労働など）での遅れが目立ちつつあった。今後は「社会的分野」にシフトしていくこと、そして、その際に「システム全体の変革」に取り組むとの方針が、「総合規制改革会議」との名称に込められた。同会議では発足後まもなく、「重点6分野」として「医療」「福祉・保育」「人材（労働）」「教育」などを設定し、規制改革の主戦場はこちらに移った。

その一方で、「経済的規制」と「社会的規制」を区分した議論は、この頃から徐々にフェードアウトしていく。社会的分野に重点がシフトしたことに加え、両者の区別のあいまいさが認識されるようになったことも要因だ。例えばタクシーの車両数の制限は、需給調整ととらえれば「経済的規制」だが、「車両数が増えると事故が多発する」と説明すれば「社会的規制」ともみえる。「経済的規制は原則自由に」の方針が明確にされた中、規制を守るために、安全や健康との関連性を隠れ蓑にしようとの動きも顕在化するようになった。本書の冒頭でいくつかご紹介した屁理屈の裏側には、こんな事情もあったわけだ。

こうして、2000年代に入ると、「経済的規制は原則自由に」は次第に表看板から消え、主戦場は「経済的分野」から「社会的分野」へとシフトした。

教育分野でも「事前規制型から事後チェック型」へ

総合規制改革会議の「重点6分野」のひとつが「教育」だ。その中で、「大学・学部の設置認可」も主要論点として取り上げられた。

争点は、「事前規制型」か「事後チェック型」か、だった。

それまでの制度運用は、大学・学部は原則として、「新規参入は認めず、その代わり、いったん参入すれば退出もない」だった。つまり、典型的な「事前規制型」だ。

学校教育法では、当時も今も、大学・学部の設置は、大学設置・学校法人審議会の審査を経て、文部科学省の認可を受けなければならないと定められている。ところが、当時は、内規（この頃は「平成12年度以降の大学設置に関する審査の取扱方針」）で「大学、学部の設置及び収容定員増については、抑制的に対応する」と定められ、「抑制方針」と呼ばれて、法律の条文よりはるかに大きな意味を持っていた。法律の条文を勝手に内規で大きく書き換えてしまうのだから、本来は不思議な話だが、「事前規制型」行政ではよくあることだ。

そして、これも「事前規制型」でよくあるが、細かに入り組んだ例外があり、

・看護・情報・社会福祉などの必要性の高い分野は、抑制の対象外、

逆に、

・医師・歯科医師・獣医師・教員などの養成は、一切拡充不可、

・首都圏・近畿圏の都市部ではより厳しく抑制、などとされていた。

沿革を遡ると、１９７６年以前は、私立大学は法律の規定どおり、最低限の要件さえみたせば自由に新設・拡充が認められていた。これが76年以降、国による「計画的整備」に転換される。自由な新設・拡充の結果、私立大学の教育の質の低下や、立地地域・学部の偏りなどが生じているとして問題になったためだ。そこで、国が長期計画を策定し、それに基づき設置認可を行う体制へと移行した。同時期に私学助成制度も導入され、資金面で計画調整を補完する枠組みが作られた。

次に、「計画的整備」から「抑制方針」に転じたのが93年だ。18歳人口の減少を踏まえた転換だった。

「抑制方針」を導入した文部省（当時）の考え方はこうだ。

> 今後、進学率等の上昇が一層急速に進み、各大学等における教育面や組織面での改革がこれに十分対応しきれない場合には、教育の質の確保を図っていく上で困難が生じることも予想される。

このような見地から、対象期間中は、全体として進学率等の急激な変化が生じることを避けつつ、各大学等における改革への試みの定着・発展を促し、高等教育全体の質の維持、さらにはその一層の向上を図っていくことが望ましい。

したがって、（中略）大学等の全体規模については、基本的には抑制的に対応することが適切である。（1997年1月29日　大学審議会答申「平成12年度以降の高等教育の将来構想について」）

つまり、新規参入を認めれば、劣悪な事業者が参入しかねない。だから、大学進学を希望する比率（需要）は増えているが、需要を抑え、新設・定員増（参入）を抑制する。新規参入抑制によって教育の質を守るとの理屈だった。

「事後チェック型」へ転換したはずが……

しかし、既存事業者は優良、新規参入者は劣悪というわけではない。「事後チェック型」の考え方によれば、教育の質の向上は、新規参入の抑制ではなく、むしろ、新規参入を受け入れ競争が活性化することによってこそ実現する。

「新規参入は受け入れ、その代わり、退出もさせる」が基本だ。そのため、質の低い事業者に是正・退出を求めるための事後チェックルールの整備、また、退出に伴うセーフティネットの整備（例えば、大学が廃止された場合の学生の扱いなど）も併せて行うことになる。

教育の質の維持・向上のため、「抑制方針」によるか（事前規制型）、「競争と事後チェック」によるか（事後チェック型）。総合規制改革会議で議論が行われた。

そして、結論として、軍配は後者にあがる。文科省との間で「事前規制型から事後チェック型へ」の転換が合意され、2002年3月には以下の内容が閣議決定された。

・大学教育の活性化を図るためには、教育機関や教員が互いに質の高い教育サービスの提供に向けて競い合うとともに、大学が自らの判断と責任により運営を行う自主性自律性を向上させることが必要である。

・「大学、学部の設置及び収容定員増については、抑制的に対応する」という方針を見直す。

・大学の設置等に関する規制を一層緩和する一方で、継続的な第三者による評価認証（アクレディテーション）制度を導入し、その体制を整備する。
・大学が廃止されることとなる場合、学生の就学機会の確保を図るため、適切なセーフティネットの整備を検討する。（2002年3月29日 閣議決定「規制改革推進3か年計画（改定）」。傍線筆者）

その後、閣議決定に基づき、文科省の中央教育審議会でさらに詳細な検討がなされ、そこでも「大学が社会のニーズや学問の発展に柔軟に対応でき、また、大学間の自由な競争を促進するため、今後は抑制方針を基本的には撤廃」との結論が確認され（中央教育審議会答申「大学の質の保証に係る新たなシステムの構築について」、2002年8月）、2003年度から「抑制方針」の原則は廃止された。

ちなみにこの当時、総合規制改革会議では、もっと踏み込んで、設置認可制度そのものを見直し、「認可」から「届出」に替えるべき（閣議決定の言葉でいえば「大学が自らの判断と責任により運営」できるようにすべき）との議論もなされていた。「事前規制型から事後チェック型へ」をより貫徹する観点だったが、これは立ち消えになった。

23ページで引用した私の国会での発言で、「今回の規制改革は、大変控え目な規制改革」

といったのは、このことだ。

80年代以降の議論をすべて否定

大学・学部一般の「抑制方針」は廃止された。しかし、2002年に方針決定されたが、なされなかったこともある。

ひとつは、新規参入は認めたが、退出はほとんどなされていないことだ。いったん参入すれば既得権化しやすいことは当然だ。だから、競争と事後チェックルール（評価に基づく退出など）が重要だが、残念ながら取組は全く不十分だった。参入は拡大する一方で、いったん参入すれば私学助成金によって守られる状態が続いた。あとでお話しするが、文科省から大学への天下りの拡大とも表裏一体だった。

もうひとつは、獣医学部の「新設禁止」の扱いだ。

2002年の中教審答申では、この点は先送りされた（傍線筆者）。

・「医師、歯科医師、獣医師、教員及び船舶職員の養成に係る大学、学部等についての（中略）現在の規制を残すことについては、大学の質の保証のために実施するものである設置認可制度の改善の趣旨を徹底する観点からは問題がある」としつつ、

・直ちに変更は困難であり、「今後、高等教育のグランドデザインの一環として高等教育における人材養成の在り方を検討する中で更に検討する」として、継続課題とされた。一般の学部以上に、獣医師会など関係団体からの反対があり、そう簡単に決着できなかったからだ。

そして、「更に検討」とされたはずだが、その後はそのままになった。教員養成については「新設禁止」が撤廃された（2006年度から）が、より反対の強かった獣医学部については、結局そのまま10年以上取り残された。

これが、今回の獣医学部新設問題に至る経過だ。

経過を振り返ると、「獣医学部の新設禁止」の是非の議論は、とっくに終わったはずの話だった。

そもそも、獣医師の「需給調整」を行政が行うような政策手法は、1980—90年代から否定されている。日本は計画経済ではない。ちなみに、医師や歯科医師の場合は保険診療がなされるため、財政的コントロールの観点で人数調整が求められる余地があるが、獣医師はそうした事情も全くない。

また、仮に「需給調整」を行うにしても、手法は「獣医学部の新設禁止」ではありえない。1990年代後半から進められた「事前規制型から事後チェック型へ」のもとでは、教育分野でも、「新規参入抑制」ではなく、「競争と事後チェック」が基本だ。学部の新設は認め、既存学部も新設学部も競い合う環境とルールを作る。新規参入抑制より、そのほうがよほど教育の質の向上につながるはずだ。

こうした基本的な考え方は、すべて2002年までに議論され、政府の方針として決定済みのことだった。「獣医学部の新設禁止」に「問題がある」ことも、明確に認識されていた。

新設解禁を指して「行政が歪められた」などという前川喜平氏の主張は、1980年代以来、政府内で積み重ねられてきた議論をすべて否定するようなものだ。

獣医学部問題は氷山の一角か

おそらく文部科学省は、1980年代以来のプロセスで、組織全体としてずっと「面従腹背」だったのだと思う。

「事前規制型から事後チェック型へ」の行政体系の転換が閣議決定されても、大学・学部設置につき「競争と事後チェック」への転換方針が決定されても、本心ではなかったのでないか。強力な総理や第三者機関がうるさいので、表面上つきあっていただけで、本当に行政体系の転換に取り組むつもりなどなかったのでないか。そうでなければ、獣医学部新設をめぐりこんな問題は生じていないと思う。

また、獣医学部の新設問題は氷山の一角で、大学行政全般で「事前規制型」が根強く残されてきた。これが、文科省と大学にまたがる最近の不祥事などにつながっているのでないかとも思う。

「面従腹背」という言葉は、前川・元文部科学次官が自らの行動原理と公言されて波紋を呼んだ。私は、個人の面従腹背は、それほど悪いことだと思わない。むしろ、組織内に一定程度そういう人が存在するのは、組織の健全性のために良いことだとさえ思う。

しかし、行政組織の「面従腹背」となれば、話は別だ。それでは、政府全体として大きな政策転換などを進めようとしても、常に混乱と停滞が続いてしまう。

残念ながら、行政組織の「面従腹背」は、特殊例外的な事象ではない。文科省だけの問題でもない。日本の行政組織のあちこちにはびこり、日本の改革を遅らせる重大な要因となってきた。次章ではこのお話をする。

第3章　官僚機構改革「面従腹背」の歴史

総理より役所の課長

1980年代以降、中曽根総理、細川総理、小泉総理、安倍総理ら、多くの総理大臣が規制緩和・規制改革の大方針を唱えてきた。

「歴代総理が進めようとしてきた改革が、なぜ進んでいないのか?」「いまだに岩盤規制などという課題が残っているのはなぜなのか?」——。講演などで規制改革のお話をすると、こういった質問をよくいただく。

端的に答えれば、「日本では、総理大臣より、役所の課長のほうが力があったから」だ。

もう少しきちんと説明すると、政策は、総理大臣だけで決められるわけではない。例えば、法律を制定・改正する場合は、法案を国会に提出する前に、「与党事前審査」のプロセスがある。政府だけで突っ走って国会提出しても、与党が反対すれば国会で可決できないから、政府と与党で事前にすりあわせるならわしだ。自民党なら、政策分野ごとの「部会」(文部科学部会、厚生労働部会、経済産業部会など)、「政調審議会」の順に了承をとり、最終的に「総務会」で党としての機関決定がなされ、はじめて閣議決定・国会提出ができる。

必ずしも政府原案がそのまま了承されるわけではない。途中段階で修正が加えられることもある。場合によっては、調整がつかず、提出が認められないこともある。いくら総理大臣がやりたいと唱えても、与党内に強い反対があれば進められない。関係業界が強く反発し、関係の族議員が横になってしまうようなことになれば、それまでだ。

そこで、関係業界や関係議員への根回しが重要になる。根回しを担う主力部隊が、省庁の担当課長、その上司の局長・審議官たちだ。こうしたプロセスでは、「自分は聞いていない」といって反対する人が出てきたら大ごとだから、ともかく関係者に片っ端から「ご説明」して回る。与党内で意見が対立するような難しい案件では、官僚たちが調整役を担い、落としどころの案を用意して関係者の間を駆け回ったりもする。省庁の幹部クラスともなれば、そうした「準政治家」業務が主業務になることも少なくない。また、それがこなせる官僚が「できる官僚」と評価されたりもする。

このような省庁の幹部たちがしっかりと根回しをこなしてくれるかどうかが、政策を実現するうえでの生命線となるわけだ。

「事前規制型」は権力の源泉

ところが問題は、省庁の幹部たちにとって、気の進まない政策もあることだ。一例をあげれば、あとでお話しする「天下り規制」だ。第一次安倍内閣が「天下り規制」を打ち出した際は、官僚機構は後ろ向きで、調整は難航した。

そして、より広範な分野にまたがって気の進まない政策が、「規制改革」、言い換えれば「事前規制型から事後チェック型へ」の転換だ。

理由は、運輸、通信、エネルギー、金融、教育などの分野を問わず、規制を担当する省庁の課長たちにとって、「事前規制」は権力の源泉そのものだからだ。「事前規制」があるから、業界は省庁にいちいちお伺いをたてる。その諾否の権限を握っているから、業界のコントロールができる。「これからは、商品・サービスの良し悪しなどは、行政が決めるのでなく、市場の判断に委ねる」などといわれたら、こうした権力の喪失に等しい。さらには、これまで誇りをもって担ってきた業務を否定されるようなものだ。

「事前規制型から事後チェック型へ」に対し、官僚機構が前向きになれないのは当たり前だ。

しかも、「事前規制型」は、官僚機構にとって好ましいだけでない。業界団体や族議員にとっても都合がよく、「鉄のトライアングル」で強力に支えられている。

だから、総理大臣が「規制改革」（＝「事前規制型から事後チェック型へ」）を唱えても、各論になれば、あちこちから異論・反発が噴出する。本来なら反対派を説得・調整するはずの「根回しの主力部隊」が実際には反対陣営にいるのだから、調整がうまくいくわけがない。

総理大臣が「規制改革」を唱えてもなかなか進まずにきたのは、こういう基本構造ゆえだ。

もちろん、省庁の幹部たちがみな、改革に反対する抵抗勢力なわけではない。また、総理大臣が大方針を示している場合、一般には、表立って反対・抵抗することは稀だ。

ただ、

・根回しがなかなか進まず（つまり「サボタージュ」）、実現に至らない、

・いちおう実現したが、政策の細部でいつの間にか「骨抜き」がなされる、

・いったんは実現したが、あとから「揺り戻し」が生じる、

などといったことが起こりがちだ。

これが、官僚機構の「面従腹背」の正体だ。

「ルールはできる限り不明瞭に」

なぜそうなるかというと、ルールが不明瞭なことが、「鉄のトライアングル」の三者(官僚機構、業界団体、族議員)それぞれにとって都合がよいからだ。

「面従腹背」と密接に関連して、官僚機構では伝統的に「ルールはできる限り不明瞭に定める」との不文律がある。「事前規制型」行政では標準的だ。

官僚機構にとっては、ルールが不明瞭であるほど、個別事案に応じた裁量、つまり匙加減の幅が大きくなり、自らの権力の源泉になる。

業界団体を構成する有力企業にとっては、その権力の恩恵にあずかり、自らは匙加減で有利に扱ってもらい、アウトサイダーは排除してもらうことができる。

族議員にとっては、恩恵を受ける業界団体から政治献金や選挙でのサポートを受けられる。さらに、ルール上の裁量の余地が大きいほど、行政に対する口利きの余地も広が

るから、業界に貸しを作る機会も増える。

だから、「鉄のトライアングル」構造の副産物として、多くの規制は、読んでもわけがわからない。法令用語で小難しく書いてあるだけでなく、ふつうの日本語に翻訳してもなお意味不明だ。

そして、もともとルールが不明瞭に定められているので、規制改革を求められる局面でも、細部で「骨抜き」、あとから「揺り戻し」など、「面従腹背」の細工が自在にできるわけだ。

変更後のルールもわざと不明瞭にしてうやむや化を図る、との「面従腹背」戦術もある。一例をあげれば遠隔診療の経過だ。これも1990年代から議論されていた古い論点だ。かつては、医療機関の乏しい離島などが念頭におかれたが、近年は、「都市部でも認められるか」が大きな争点になってきた。テレビ電話など技術が進化する中、医療機関にわざわざ行かなくても診察を受けられるようになれば、移動の不自由な高齢者や多忙なビジネスパーソンなどにとって便利だ。

規制改革関連の会議での議論を経て、2015年（平成27年）には、都市部でも認められることが決まった。ところが、問題は、その変更後のルールが不明瞭に定められたことだ。わかりづらい文章だが、どれぐらい不明瞭なのかご覧いただくため、敢えて引用してみる。

〈平成27年厚生労働省医政局長通知「情報通信機器を用いた診療（いわゆる「遠隔診療」）について」〉

平成９年遠隔診療通知（中略）において、「直接の対面診療を行うことが困難である場合」として、「離島、へき地の患者」を挙げているが、平成９年遠隔診療通知に示しているとおり、これらは例示であること。

これだけではよくわからないので、さらに「平成９年遠隔診療通知」をみると、こう書いてある。

〈平成９年厚生省健康政策局長通知「情報通信機器を用いた診療（いわゆる「遠隔診療」）について」〉

……次に掲げる場合において、患者側の要請に基づき、患者側の利点を十分に勘案した上で、直接の対面診療と適切に組み合わせて行われるときは、遠隔診療によっても差し支えないこと。

ア　直接の対面診療を行うことが困難である場合（例えば、離島、へき地の患者の場合など往診又は来診に相当な長時間を要したり、危険を伴うなどの困難があり、遠隔診療によらなければ当面必要な診療を行うことが困難な者に対して行う場合）

つまり、

・もともと平成９年（１９９７年）通知で、「例えば、離島、へき地」など「直接の対面診療を行うことが困難である場合」には「遠隔診療によっても差し支えない」と書いてあって、

・平成27年（２０１５年）通知で、「離島、へき地」は「例示」に過ぎないと定め、これで「都市部も認める」と示した、という意味なのだ。

これでは、一般の人はもちろん、規制の運用実務を担う自治体の担当者でさえ、その意味合いがさっぱりわからない。現実には、２０１５年以降も、都市部の自治体で「遠隔診療は不可」との運用が続いた。

「大事なルールほど下位規範で」

「大事なルールほど通達など下位規範で定める」との不文律もある。

これも、「ルールは不明瞭に」と同様、官僚機構の「面従腹背」をやりやすくする潤滑油だ。

法令の体系では、最上位の「憲法」のもと、国会で決められる「法律」、その下に閣議決定で定める「政令」、個々の大臣が決定できる「省令」「告示」がある。さらにその下で、各省庁の局長や課長などが示す文書が「通達」だ。遠隔診療に関して引用した通知は、この「通達」にあたる。

本当に大事なルールは、たいていは、下のほうの「通達」「告示」「省令」あたりで定められている。

例えば、かつての大学・学部の「抑制方針」は、内規、すなわち最下位の「通達」だった。２００２年頃の議論でこの点も問題視され、少しだけレベルアップしたのだが、それでも、獣医学部の新設禁止が定められているのは、下から二番目の「告示」。一段アップしただけだ。

さらにおかしいのは、下位規範で上位規範を平気で書き換えてしまうことだ。獣医学部のケースなら、法律では、学部を新設しようとするときは「文科大臣の認可を受けなければならない」と書いてある。ところが、告示（「大学、大学院、短期大学及び高等専門学校の設置等に係る認可の基準」）で、獣医学部の新設は「一切認可しない」との内容を定めている。つまり、告示で法律の条文を大きく書き換えてしまっているわけだ。

こんなことをされたら、法律を制定する立場の国会議員は、与野党にかかわりなく、怒ってもよさそうなものだ。そう考えて、国会の参考人質疑での発言（24ページ参照）でもこの点を強調したのだが、残念ながら、議場であまり反応はなかった。日本の法令体系では、こうしたことが常態化しているからだろう。

ちなみに、獣医学部の新設禁止は、「大事なルールほど下位規範で」には沿っているが、「できる限り不明瞭に」には沿っていない。「一切認可しない」と明瞭に定めているからだ。一般には、文面上はもっと意味不明な規定にして実際には一切認可しないなど、もっとエレガントな手法で新設を排除する。ここまで露骨に既得権保護をむき出しにした告示は、あまり例がない。これが、国会で私が「あまたの岩盤規制の中でも、かなり異様な規制」といった理由だ。

停滞した2000年代後半

前章で、1980年代以降の規制緩和・規制改革の経過をお話しした。80年代の三公社民営化を起点に、90年代後半には経済的分野（運輸、通信、金融など）で大きな前進があった。2000年代に入り、残された社会的分野（医療、保育、教育など）に重点はシフトした。

しかし、2000年代後半になると、規制改革は停滞期に入っていく。

この時期の規制改革を担った「規制改革会議」（2007—10年）の最終意見書（2009年）では、任期3年間は「退嬰の期間」だったという、驚くようなフレーズが出てくる。政府の会議の報告書ではかなり異例だ。

> 2000年以降は、医療・保育・農業・教育など官が需給を調節し価格を決定する「官製市場」と言われる分野での規制改革に取り組んだ。（中略）こうした分野は第二次大戦後復興過程で形成された諸制度の上に成り立ち、無駄と非効率を温存

しているため、これらの改革が日本経済を大きく成長させる可能性を持つ。しかし、こうした分野では「族議員」と言われる政治家、規制と天下り先を温存したい官僚、既得権を持つ事業者・団体が「鉄のトライアングル」として結託し、改革を阻んできた。（中略）

思えば、我々「規制改革会議」任期3年間は、規制改革への逆風が日増しに強くなり、反比例して政権のサポートが希薄の度を加えていった、いわば退嬰の期間であった。（2009年12月4日　規制改革会議「規制改革の課題～機会の均等化と成長による豊かさの実現のために～」）

この時期も、全く何も進まなかったわけではない。例えばコンビニでの医薬品販売の解禁は当時の成果だ。だが、医療、保育、農業、教育などの分野で重要課題が多く残されている中で、改革のスピードが明らかに低下した。

停滞の理由は、意見書で指摘される「政権のサポートが希薄」化した面もあっただろうし、また、社会的分野では経済的分野以上に、反対勢力の政治的パワーが強大なこともあった。

そうした中で、「鉄のトライアングル」が規制改革を阻む状況が顕著になった。「岩盤規制」という言葉が、規制改革関係者の間で口にされるようになったのもこの頃からだった。

規制改革を遅らせた「強い官僚機構」

「鉄のトライアングル」が規制改革を阻んだ。

とはいっても、「鉄のトライアングル」は、日本特有の問題ではない。むしろ、もともとは米国発祥で、米国の政官業の構造を表す言葉だった。多くの先進諸国で、20世紀後半までは程度の差はあれ「事前規制型」の行政体系が導入され、それに「鉄のトライアングル」構造が付着するのも同様だった。

では、なぜ日本では、各国と比べ、改革が遅れたのだろうか。

大きな要因は、トライアングルの一角である官僚機構が、各国に比べ、突出して強かったことだ。

混合経済型・事前規制型の行政のもとでは、官僚機構の力が相対的に強まることも、先進諸国共通の事象ではあった。しかし、日本の場合、明治以来、欧米に追いつくため、官僚機構が大きな役割を果たしてきた歴史があった。東大法学部を中心に成績優良な学生を集め、エリート集団と扱われてきた。歴代総理大臣の多くが官僚出身者だったように、政治家の人材供給源でもあった。

こうした日本特有の事情から、日本の官僚機構は突出して強かった。少し前に、省庁の幹部たちによる根回しの話をしたが、これは官僚機構の役割の一端に過ぎない。官僚機構は、政策決定プロセス全般で中核的な役割を果たしてきた。

このため、日本の「事前規制」はもともと、先進各国より強靭・広範に張り巡らされている。何をやるにもいちいち行政にお伺いをたて、行政がなにかと口を出す官民のあり様は、かなり日本特有だ。だから、1980年代の市場開放をめぐる日米貿易摩擦でも「行政指導」が問題にされ、〝Gyosei-Shidou〟はそのまま世界で通じる言葉になった。

そして、世界で規制改革が進められる時代を迎えると、日本では、この強力な官僚機構が「鉄のトライアングル」の一角として作動した。この結果、「鉄のトライアングル」は先進各国以上に強力に、改革を阻んだ。

先進各国と比し、日本の規制改革が遅れ、今も「事前規制型」の色彩が色濃く残されているのは、「強い官僚機構」の帰結だ。

不発に終わった民主党政権の「脱官僚」

規制改革が停滞しはじめた2000年代後半、「脱官僚」を強く唱えたのが、当時の民主党だった。改革の停滞、官僚主導やしがらみにとらわれた政治の限界が露呈する中、「脱官僚」「政治主導」のスローガンは支持を集めた。

2009年、「官僚主導から政治主導へ」の大きな期待を背負って、民主党政権が発足した。しかし、結論からいえば、看板倒れ、竜頭蛇尾に終わった。政権発足直後に事務次官等会議が廃止され、官僚を排除して政治家だけで政策決定を行うパフォーマンスなどがなされたが、大きな成果はなかった。むしろ、沖縄の基地問題に代表されるように、大混乱を招くこともあった。期待された予算の無駄の抜本削減は、「事業仕分け」での数百万円単位の個別事業見直しなどに変質した。規制改革では、羽田空港の国際化などいくつかの前進はあったが、医療、保育、農業、教育などの「岩盤規制」は手つかずだった。

「官僚主導から政治主導へ」は、民主党政権がいちど試みて大混乱を招いた、との記憶を残し、一過性のブームのように過ぎていった。

再び政権交代があり、第二次安倍内閣が発足して以降は、むしろ「行き過ぎた政治主導」が問題視されるようになった。

「政権の長期化に伴い、総理官邸の力が強くなりすぎた」「官僚たちが官邸の顔色ばかりうかがうようになった」などの指摘だ。森友問題・加計問題でも「官邸への忖度」が問題とされた。特に、2014年に「内閣人事局」が発足し、官邸が官僚人事を握っていることが諸悪の根源かのような指摘もある。

しかし、規制改革の現場にいる私からみれば、「強い官僚機構」は今もそのままだ。「強い官僚機構」を中核とした「鉄のトライアングル」が、規制改革に強力にブレーキをかける状況は、基本的に何も変わっていない。

獣医学部新設問題の経過ひとつをとっても明らかだ。20世紀にとっくに終わっていたはずの議論を、2014年以降延々と続け、それでも「新設解禁」はなかなか実現できず、2017年になってようやく「1校限定」で実現し、しかも、実現したと思ったら、元文科次官らから攻撃され、揺り戻しの危機にすら晒されているのだから。

大臣は「一日警察署長」のようなもの

官僚機構の問題も、20世紀からの懸案だった。「官僚主導」や「縦割り（セクショナリズム）」などの問題が古くから指摘されてきた。

「官僚主導」と「縦割り」は、表裏一体の問題だ。なぜかというと、本来、官僚機構の上には、総理大臣と各大臣がいる。総理大臣・大臣が、政策全体の目標設定や総合調整の役割を果たせていれば、「縦割り」問題は解消する。ところが、実際には、かつて総務大臣を務めた片山善博氏が「大臣は一日警察署長のようなもの」と喝破したように、総理・大臣による官僚機構のコントロールは伝統的にできていない。「官僚主導」が「縦割り」の問題を深めてきた。

官僚機構が、一部の既得権の利益を国民全体の利益より優先するのも、この構造に起因する。省庁は業界ごとに編成され、その中の部局も業界ごとの「縦割り」だ。だから、省庁の局長・課長らは自ずと、担当の業界の利益を代弁する。例えば、農水省の幹部に「農家や農協より、食料を買う消費者や国民全体のことを考えろ」といっても、なかなか難しい。

そこで、民主主義のプロセスで選出される総理大臣・大臣の役割が重要だ。国民全体の利益の観点で方針を示し、「縦割り」に起因する特定利益優先を是正する必要がある。ところが、「官僚主導」でこれができていなかった。

こうした課題にどう対応すべきかの議論も、長年なされてきた。1990年代後半以降、党派を超えて問題認識が共有されるようになり、解決のための取組も一歩一歩積み重ねられてきた。

振り返ると、民主党政権での「脱官僚」は、残念ながら、過去の議論や取組の積み重ねを活かせていなかった。もちろん、すべてを否定するわけではないし、前進したこともあった。しかし、例えば「内閣人事局」は設置されなかった。「内閣人事局」は、「官僚主導」と「縦割り」の打破のため長年議論が積み重ねられてきた最大の懸案であり、2009年政権交代以前に党派を超えて設置が合意されていた。しかし、民主党政権下では、なぜか設置されなかった。その一方で、官僚排除などのパフォーマンスに力が注がれたことが、「脱官僚」の不発をもたらした。

以下では、20世紀からの経過をざっと振り返ってみたい。

「内閣人事局」の源流は橋本行革

官僚機構については、古くは一次臨調（1961—64年）から問題提起がなされていた。二次臨調（81—83年）では、規制緩和・民営化とともに、問題がより鮮明になった。

これらを踏み台に、官僚機構の改革に本格的に取り組み始めたのが橋本内閣（96—98年）だ。

いわゆる「橋本行革」では、「中央省庁再編」が有名だが、それと並んで力が注がれたのが「内閣主導（官邸主導）」（あるいは、内閣機能強化）だった。

橋本行革の推進機関となった「行政改革会議」（96—98年。橋本総理を会長に、学識経験者らで構成）の「最終報告」（97年）では、縦割り・官僚主導行政が時代に対応できなくなっていることを指摘し、「内閣主導」への転換を求めた。

「行政各部」中心の行政（体制）観と行政事務の各省庁による分担管理原則は、従来は時代に適合的であったものの、国家目標が複雑化し、時々刻々変化する内外環境に即応して賢明な価値選択・政策展開を行っていく上で、その限界ないし機能障害を露呈しつつある。いまや、国政全体を見渡した総合的、戦略的な政策判断と機動的な意思決定をなし得る行政システムが求められている。

これを実現するためには、（中略）内閣機能の強化を図る必要がある。（1997年12月3日　行政改革会議「最終報告」）

「内閣主導」のための具体策として実現したのが、総理大臣の権限強化、「内閣府」の設置、「経済財政諮問会議」の創設などだった。

のちの小泉内閣（2001―06年）では、「経済財政諮問会議」が改革の舞台となった。竹中平蔵・経済財政政策担当大臣が多くの難題に切り込み、小泉総理のリーダーシップで政策推進がなされた。総理大臣（官邸の主）が主導し、経済財政諮問会議（官邸の会議室で開催される）を舞台とする。「内閣主導（官邸主導）」の枠組みを用意したのは、橋本行革だった。

「内閣人事局」も、橋本行革に淵源がある。

政策面の内閣主導（内閣府、経済財政諮問会議など）だけでなく、「人事の内閣主導」（当時の言葉では「人材の一括管理」）が必要であることも、当時から議論されていた。

各省の政策の「縦割り」を支えるのは、人事の「縦割り」だ。日本政府では、省庁ごとに採用を行い、昇進などの人事管理を行う。例えば、経済産業省に就職すれば、途中で人事交流の出向はあっても、基本的にはずっと経済産業省に所属する。だから、就職のことを「入省」と呼び、私の略歴では「元日本政府職員」でなく「元経済産業省職員」と記載される。

省庁に「入省」した官僚は、その省への帰属意識を持ち、これが、省の利益のための仕事、すなわち政策の「縦割り」を生む。だから、問題を根本的に解決するには、人事の改革が欠かせない。

こうした問題認識のもと、行政改革会議「最終報告」では、課長以上などの幹部職員を政府全体で一括管理する、「人材の一括管理システムの導入」が提案された。これが「内閣人事局」の原点だ。

ところが、中央省庁再編、内閣府設置、経済財政諮問会議創設などは、その後、橋本内閣と後を引き継いだ小渕内閣（1998—2000年）ですぐ実現されたのに対し、「人事の内閣主導」は先送りされた。人事の改革への官僚機構の抵抗は、政策面よりずっと強かったからだ。

小泉内閣で一時、公務員制度改革を進める動きがあったが、議論は混迷に陥った。このときは、むしろ「人事院から各省への分権化」の方向が打ち出され、組織防衛を図る人事院との争いが表面化するなど、「人事の内閣主導」はどこかに消えてしまった。

「公務員制度改革基本法」の成立

20世紀からの懸案だった「人事の内閣主導」がようやく動き出すのは、第一次安倍内閣（２００６―07年）からだ。

２００７年に「公務員制度の総合的な改革に関する懇談会」が設置され、幹部人事の一括管理などを含め、公務員制度改革の包括的な議論が再スタートした。福田康夫内閣に代わり、翌２００８年、懇談会報告を受けて「国家公務員制度改革基本法」案が提出された。当時はねじれ国会だったが、自民・公明・民主の3党合意を経て、成立に至った。

２００８年「基本法」は、公務員制度改革の包括的なプログラムを法定するものだった。改革全般を推進する上での最優先課題として、人事の一元管理を担う「内閣人事局」を1年以内に設置することが定められた。

ちなみに、私は、行政改革大臣補佐官などの立場で、この時期の一連のプロセスには直接携わっていた。「1年以内に内閣人事局」と法律で定めたことで、懸案がようやく解決できたと思ったものだ。

ところが、２００９年にできるはずの「内閣人事局」は、いつまで経ってもできなかった。

民主党政権に代わっても、３党で合意して法律に定めた事項のはずだったが、実現されなかった。「脱官僚」を唱えた民主党政権が、「官僚主導」と「縦割り」の打破のカギである「内閣人事局」をなぜ設置しなかったのかは、よくわからない。

ともかく、再び政権交代があり、２０１４年になってようやく「内閣人事局」は設置された。橋本行革で「人材の一括管理」の必要性が指摘されてから、17年が経過していた。

「内閣人事局」ができて以降、省庁をまたがった幹部人事なども少しずつ増えている。ただ、橋本行革以来の課題だった「内閣主導（官邸主導）」の体制が確立したかといえば、まだ全く不十分だ。すでにお話ししたとおり、規制改革の現場での状況はほぼ変わっていない。

省庁への帰属意識も変わっていない。「農水官僚を経産省局長に起用」といったことが話題になるが、これが話題になるようではまだまだだ。例えば英国では、幹部クラスになれば、所属省庁のゼッケンは外し、さまざまな省庁を渡り歩く。そうしたことが当たり前になってはじめて、「縦割り」の問題は解消する。

「内閣人事局」は、まだこれからだ。さらに機能を高めていかなければならない。

「官邸への忖度」は悪なのか？

そんな中で、「内閣人事局」を廃止ないし弱体化すべきとの主張が声高に唱えられるようになった。「内閣人事局」が人事を握っているので、官僚による「官邸への忖度」が生じており、これが問題との指摘だ。

しかし、「官邸への忖度」はそんなにいけないことなのか。かつての官僚機構では、大臣のことは「一日警察署長」のように扱い、その一方で、「省庁の仲間内と族議員と業界団体への忖度」ばかりを手厚く行ってきた。これを「官邸への忖度」にどう切り替えるかが、20世紀から取り組んできた課題だったはずだ。

たしかに、「忖度」が歪んだ方向に行き過ぎ、あるべき政策よりも、政権に媚びへつらうことを優先する、情けない官僚が出てくる可能性は否めない。それは、「内閣人事局」で厳正に人事評価したらよい。そして、もしそれができず、政策運営がおかしくなることがあれば、最後は、総理大臣は民主主義のプロセスで選ぶことができる。少なくとも、行き過ぎた「仲間内と族議員と業界団体への忖度」より、ずっと健全だ。

旧来型の縦割り・官僚主導行政が「深刻な機能障害を来している」ことは、１９９７年の行政改革会議「最終報告」で明確に認識されていた。問題意識は党派を超えて共有され、「官邸主導」の仕組みが徐々に整えられ、「内閣人事局」設立につながってきたはずだ。

限られた資源のなかで、国家として多様な価値を追求せざるを得ない状況下においては、もはや、価値選択のない「理念なき配分」や行政各部への包括的な政策委任では、内外環境に即応した政策展開は期待し得ず、旧来型行政は、縦割りの弊害や官僚組織の自己増殖・肥大化のなかで深刻な機能障害を来しているといっても過言ではない。本来国民の利益を守るべき施策や規制が自己目的化し、一部の人びとの既得権益のみを擁護する結果を招いたり、異なる価値観や政策目的間の対立や矛盾を不透明な形で内部処理し、あるいはその解決を先送りしてきた結果が、最近における不祥事の数々や政策の失敗に帰結している実情をわれわれは真摯に受けとめなければならない。（1997年12月3日　行政改革会議「最終報告」）

時計の針を20世紀に戻してはならない。

「天下り規制」を無視した官僚の遵法意識

第一次安倍内閣の公務員制度改革では、「天下り規制」にも取り組んだ。

伝統的な天下りの仕組みでは、年功序列の同期横並び昇進を前提として、局長・事務次官へとポスト数が限られていく過程で早期退職勧奨を行い、代わりに企業・業界団体などの然るべきポストをあてがってきた。天下りOBは、新たな勤め先である業界のため、出身省庁の後輩たちへの影響力を行使し、また、官僚時代に「準政治家」業務で培ったネットワークを活かし政治ロビイングも担う。省庁の側は、天下り先を用意してくれる業界を無下にせず、補助金をつけ、業界の求める規制制度を導入する。

こうして天下りは、「鉄のトライアングル」の機能を高める結節点の役割を果たし、無駄な補助金や岩盤規制の維持・強化をもたらしてきた。

天下りの問題も、古くから指摘されていた。行政改革会議「最終報告」（1997年）

では、特に各省単位の再就職支援が弊害をもたらすことを指摘し、「公正・透明な再就職管理システムの導入」が掲げられた。「人材の一括管理」と同様、これも、先送りと停滞の時期を経て、第一次安倍内閣で再スタートすることになった。

「公務員制度改革基本法」の一年前、２００７年に「国家公務員法改正」がなされ、各省庁による再就職あっせん（天下りあっせん）の禁止、官民人材交流センターへの一元化を柱とする「天下り規制」が導入された。法改正に至るまでには、政府・与党内での激しい攻防があった。省庁の幹部たちにとっては、人生設計に直結する問題だから、そう簡単に受け入れられない。与党内でもこれに呼応して異論が唱えられ、構成員を組み替えた「変形・鉄のトライアングル」（ここでは、官僚集団全体が業界にあたる）のような状態が現出した。

難航したが、ともかく結論として、２００７年に「天下り規制」が導入された。その後、民主党政権下で、監視機関のメンバーの任命がなされず空席状態が続くなどの混乱もあったが、これも２０１２年には解消した。

しかし、裏で天下りあっせんがなされているのではないかとの疑念はずっと指摘されていた。そうした中で２０１７年に明らかになったのが、文部科学省での組織的な天下りあっせんだった。ちなみに、このあっせんを事務次官として主導し、懲戒処分を受け引責辞任したのが前川喜平氏である。

獣医学部新設と天下りの問題は、決して無関係でない。「事前規制型」行政を色濃く残してきたことと、裏で天下りあっせんを続けてきたことは、地下で同じ水源につながっている。

そして、これは文科省だけの問題ではない。

法令に精通しているはずの官僚がなぜ法令違反をするのか、と不思議がられることもある。

私からみれば、何も不思議でない。むしろ、伝統的に、官僚は遵法意識が低い。なぜなら、先にお話しした「大事なルールほど通達など下位規範で」の不文律でも明らかなように、官僚にとって、ルールは与えられるものでなく、自分たちが作るものだからだ。「事前規制型」に慣れ親しんだ官僚たちは、法律を通達・告示で書き換えることぐらい平気でやってきた。自分たちが納得のいかない「天下り規制」は、独自の解釈で勝手になかったことにしていたのだろう。

「天下り規制」に限らず、官僚たちのさまざまな法令違反が問題になっている。２０１

9年に噴出した毎月勤労統計調査の不正も、同根の問題だ。これも、「事前規制型」行政の残存と決して無関係でない。

第三者機関と特区の活用

「内閣人事局」や「天下り規制」は、官僚機構を改善する取組だ。強力な「鉄のトライアングル」を打ち破り、岩盤規制改革を進めるため、官僚機構の改善は進めなければならない。

ただ、官僚機構の改善は、短期間では完結しない。人事システムが定着し、省庁への「縦割り」帰属意識が薄れ、組織体質や行動様式が変わっていくには、どうしても時間が必要だ。だからといって、それまでの間、岩盤規制はそのままというわけにもいかない。

そこで、根本治療は時間をかけて進めつつ、同時に、当面の規制改革を迅速に実行するための手立ても講じられてきた。

そのひとつが、規制改革の「第三者機関」だ。

民間人で構成される第三者機関を設ける。まえがきでもお話ししたように、利益相反のある官僚機構からは独立し、しがらみのある政治家とは別の立場で、いわば嫌われ役を果たす。この方式は、臨調で活用され、平岩研究会の提言を受け、その後歴代の第三者機関が設けられてきた。時代により程度に差はあったが、一貫して成果が得られてきた。

だが、こうした第三者機関には批判もある。「素人の民間委員が余計な口出しをして、けしからん」といった指摘をよくいただく。

たしかに、私は、民間委員として獣医学部新設や放送制度改革に関わってきたが、それら分野の専門家ではない。しかし、規制改革は、アウトサイダーが議論に参画することに意味がある。それぞれの分野の業界関係者、専門家、省庁の担当者などだけで議論したら、「鉄のトライアングル」と同じ結論になりかねない。

専門ではないから、わかっていないことは多い。私自身、事前勉強などの努力はしてきたつもりだが、不十分なことも多いと思う。「不勉強だ」「見識が足りず不適格だ」などの批判があれば、民間委員として、真摯に受け止めなければならない。

しかし、第三者機関の仕組みそのものに対する批判は、的外れだ。

もうひとつの方策が「特区」だ。

「国家戦略特区」の源流は、小泉内閣で創設された「構造改革特区」だ。どちらも、地域限定で特例的に規制改革を行う。そのポイントは、自治体から提案を求め、規制改革を求める意欲ある自治体首長と内閣（官邸）が連携することだ。つまり、内閣（官邸）が自治体首長の力を借りて、規制改革を進める仕組みだ。

構造改革特区は2002年に導入され、特に初期には相当の成果が得られた。例えば、農業分野の企業参入は、農地所有方式はいまだ認められず「岩盤規制」になっているが、農地リース方式は認められている。これは最初は、構造改革特区限定で認められ、のちに全国に広げられたものだった。ただ、初期の推進力が低下すると、その後下火になった面はあった。

官僚主導と縦割り行政は限界

こうした経験も踏まえ、「第三者機関」と「特区」を組み合わせ、岩盤規制改革のためのより強力な仕組みとして設けられたのが、「国家戦略特区」だ。

・民間人で構成される「国家戦略特区WG」で関係省庁との協議・折衝を行い、
・最終的には、総理が議長を務める「国家戦略特区諮問会議」で決定をくだす、

・また、特例を設けたのちは現場任せになってしまわないよう、特区ごとの「区域会議」（国、自治体、民間で構成）を設け、いわばミニ独立政府のように改革を進める、との仕組みだ。

私は、この制度の創設に際しての検討にも関わった。これまでの諸制度の成功と失敗を踏まえ、岩盤規制改革を推進する方策を考え抜き、「理想形」を示したつもりだ。「国家戦略特区法」を制定する際の法案審議で、参考人として意見を求められた際にも、そう説明した。

> これまでの長年にわたる規制改革の取り組み、構造改革特区、総合特区といったものにおける成功と失敗を踏まえて、どうしたら規制改革を実効的に実現できるのかという視点で、これまで規制改革にかかわってきた方々のお知恵もかりながら、我々の考えるいわば理想形の枠組みをつくって提示したつもりであります。（中略）今回、政府で提出された国家戦略特区法案、ここでは、こうした当初の提案内容が基本的に全てそのまま反映されていると認識しています。（２０１３年11月14日　衆議院内閣委員会）

２０１３年に「国家戦略特区」が創設されて以降、獣医学部や医学部の新設以外にも、企業の農地所有、公設民営の学校、民泊の解禁、都市開発のスピードアップなど、着実に成果は得られてきた。

しかし、残された課題は数多い。まだまだこれからだ。

ところが、「国家戦略特区」に対しても、「官邸主導の利益誘導の仕組みになっているので、廃止すべき」などの批判がある。獣医学部新設が「利益誘導」と全く無縁なことは、すでにお話ししたとおりだ。

「官僚主導」と「縦割り」の行政体系が限界に達し、これを改革しなければならないことは、20世紀からずっと認識されていた。改革の仕組みを工夫し、運用を積み重ねてきたが、まだ道半ばだ。

「面従腹背」や的外れな批判で、改革をこれ以上遅らせている余裕は、日本にはもうない。

第4章　マスコミが殺気立った「放送法4条騒動」

民放解体論？

　御説明をいただく前に一言だけお話を申し上げたいと思います。
　ここ数日、放送をめぐる規制改革について、いろいろな報道が出ています。中には、党派色の強い局を可能にするための制度改革を目指しているとか、首相が批判報道に不満を持たれてこういった検討をされているといったような報道もなされていると思います。全く心外なことでございます。私たちの会議でそういった検討をしているつもりは全くありません。（2018年3月22日　規制改革推進会議・第19回投資等ワーキンググループでの筆者発言）

この章以降では最近の規制改革の議論を紹介していくが、2018年前半の規制改革推進会議での最もホットなテーマは「放送」だった。

規制改革推進会議では、農業、医療、雇用、保育など、分野ごとにワーキンググループがあった。私が座長を務めていた「投資等ワーキンググループ」（以下「投資等ＷＧ」）では、「投資」よりも「等」に意味があって、いわば、農業、医療など以外の「その他課題全般」を担当していた。「放送」もそのひとつだ。

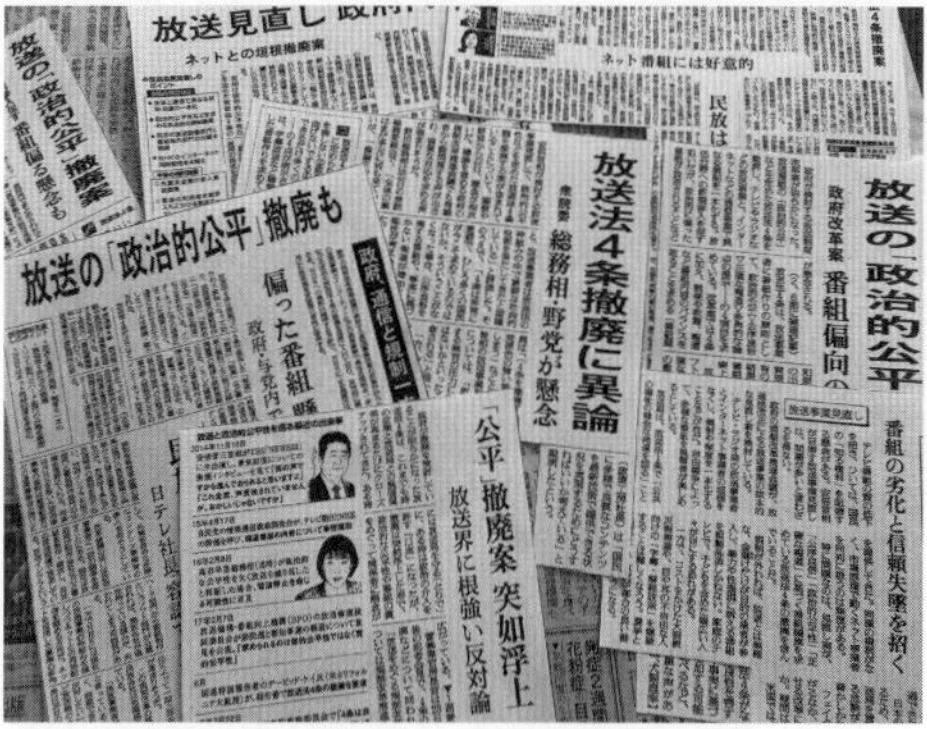

新聞は大騒ぎとなったが……

私が冒頭の発言をしたのは、２０１８年３月半ば、政府が「放送法４条撤廃」などを目指しているとの報道がなされ、マスコミで大騒ぎになっていたためだ。この日、会議室の入り口にはマスコミ関係者が押し寄せ、委員が通るたびに「今日は放送法４条の議論は？」と声をかけていた。長らく霞が関での仕事に関わってきたが、このときのマスコミ関係者の殺気立った様子は、尋常なレベルでなかった。

放送法4条についてはあとでお話しするが、放送事業者に政治的公平性などを求める規定だ。当時の報道では、ともかく「放送法4条撤廃」＝「民放解体論」と捉え、「目的は自民党チャンネルを作ること」「一部の民放の首相批判への不満から、民放解体を狙っている」などとの論評・解説も加えられた。民放キー局の社長は相次いで会見で、「政府方針」への異論を唱えた。また、新聞でも「放送法4条を撤廃すれば、フェイクニュースや劣悪な番組が横行する」などと批判が展開されていた。

しかし、事実を申し上げれば、規制改革推進会議では、こうした議論は一度もしていない。

私からみれば、事実誤認の不思議な騒動だった。当時、記者会見などでも繰り返しそう説明したが、騒動は沈静化せず、「放送法4条撤廃が狙いに違いない」との前提での報道が続いた。

異常な過熱報道

もっとも、根も葉もない、それこそ「フェイクニュース」だったというわけではない。私たちの会議ではいちども議論していないが、政府内に「放送法4条撤廃」との方針を書いたペーパーはあった。役所の仕事で、議論のたたき台を用意し、内部でディスカッションすることはよくある。数多くのペーパーの一つを報道機関の方が見つけ、報じただけのことだと思う。

それが異常な過熱報道につながったのは、やはりテレビ局にとって、自らに関わる問題だったからだろう。そして、日本では、テレビのキー局と新聞社が一体でグループを構成している。新聞社にとっても同様だったわけだ。

報道の立場と利害関係者の立場が入り混じることには、批判的見方もある。新聞の軽減税率や再販制度などの議論に際しても、よく同様の指摘がなされる。しかし、こうしたことが起きるのは当たり前のことだし、読者・視聴者もそう思ってみていればよいだけだ。

一連の報道がなされていた時期、マスコミ関係者の一部では、「原というのがとんでもない奴で、産業政策一辺倒で、民放解体などの暴論の旗を振っている」といった話も飛び交ったらしい。あとから、「そんな話になってましたよ」と何人かの人に聞かされたし、ネットメディアでそんな記事も目にした。「いつも暴論ばかり言っている」とか「産業政策的な視点でしか物事を考えていない」とみられているとすれば、私自身、反省しなければならない。

ただ、事実をお伝えすれば、私は既存の放送事業者の「解体」を目的と考えたことは一度もない。一方で、既存の放送事業者を守ろうとの「産業保護」的発想もない。この問題に限らず、規制改革に関わる議論では常に、国民全体・社会全体のために何が最善か、を考えようとしているつもりだ。

もちろん、「国民全体・社会全体のために最善」と総論でいうのはたやすく、各論では限りなく難しい。多くの問題で、何が最善かは人によって見方が異なる。「国民全体・社会全体のため」とただ唱えても、下手をすれば、偏った方針を偽装するきれいごとになりかねない。

だから、政府の内側で政策に関わっていた当事者は、どう判断したのか説明する責任がある。さまざまな批判を受け、さらに議論を深め、政策の進化につなげていかなければならない。私がこの本を書くのはそのためだ。

4条がないと虚偽報道だらけになるのか?

放送法4条とは、こんな規定だ。

放送事業者は、国内放送及び内外放送（以下「国内放送等」という。）の放送番組の編集に当たつては、次の各号の定めるところによらなければならない。

一　公安及び善良な風俗を害しないこと。

二　政治的に公平であること。

三　報道は事実をまげないですること。

四　意見が対立している問題については、できるだけ多くの角度から論点を明らかにすること。

まあ常識的なことを規定した条文といってよい。これに関して繰り広げられた論争は、マスコミの報道上は、要するにこんなことだった。

「４条撤廃論」：現状では、放送では放送法４条を守らなければならず、他方、インターネット放送（通信）では放送法４条は適用されない。だから、通信の規制にあわせ、放送法４条を撤廃すべきだ。

「反対論」：放送法4条を撤廃すれば、政権べったりの放送や客観性を欠く放送などが横行する。だから、放送法4条は撤廃すべきでない。

私は、どちらにも違和感がある。

まず、「反対論」の論拠は全く理解できない。

放送法4条がなければ、本当に、公序良俗に反し、政治的に不公平で、客観性を欠く番組が作られるのだろうか？　少なくとも、放送事業者の方々がこうした主張をされるのは、私には自己否定としか思えない。

また、そうだとしたら、新聞はどうなのか。新聞の場合は、放送法に相当する法律が存在せず、4条のような規定もない。だからといって、新聞は、虚偽報道だらけなどの無茶苦茶なメディアになっているのだろうか？　新聞では法規制がなくても一定の秩序が保たれるが、放送では法規制がなければ保たれない、との主張だとすれば、私には理解不能だ。

双方がけん制しあう「部分規制論」

一方で、「４条撤廃論」にも違和感がある。

放送では放送法４条を守らなければならず、インターネット放送（通信）では放送法４条は適用されない。これはなぜかとの疑問は、しごくもっともだ。しかし、「だから、放送法４条を撤廃すべきだ」というのは、論理の飛躍だ。

同じような疑問は、放送と新聞に関しても古くからあって、日本に限らず世界で議論されてきた。かつては、新聞は規制せず、放送だけを規制する理由として、「電波の希少性」があげられた。だが、利用可能帯域の拡大、多チャンネル化に伴い、希少性は低減した。

その中で、米国の法学者リー・ボリンジャーが唱え、世界に広がった学説が「部分規制論」だ。報道の中に規制されるものと規制されないものが併存することで、双方がけん制しあう。規制対象外の新聞が一方向に偏りすぎたときは、規制対象の放送がこれをけん制する。逆に、放送が規制制約に縛られて機能不全に陥りそうなときは、新聞がけん制する。結果として、より適切な報道が実現し、人々の知る権利に応えられるとの理論だ。

もちろん、これに対してはさまざまな議論がある。日本の場合、米国と違い新聞とテレビがグループ化されており、ボリンジャーのいうような相互けん制が十分機能しないのでないか。放送とインターネット放送に、放送と新聞の議論をそのまま適用できるのか。規制するメディアと規制しないメディアをどう切り分けるべきなのか、などなどだ。

ただ、少なくとも、「通信（あるいは新聞）には規制がない。だから、放送も規制がなくてよい」というのは、世界標準の議論ではない。

世界の多くの国では、日本と同様、通信の世界は原則自由、一方、放送の世界はいろいろと規制がある。そして、多くの国では、いわゆる通信と放送の融合が、日本より進んでいる。しかし、原則自由な通信の世界にあわせ、放送に特有の規制をすべて取り払った国はない。

反例としてよく指摘されるのは、米国の「フェアネスドクトリン」だ。かつては、放送の「政治的公平」がFCC（連邦通信委員会）の指針で求められ、「フェアネスドクトリン」と呼ばれていた。多チャンネル化の進行などを理由として1987年に撤廃された。しかし、これも、「通信に規制がない」との理由で、放送の規制をすべて撤廃したわけではない。例えば「放送では、選挙に際し、立候補者を公平に扱わなければならない」との規制（通信法に基づく「イコールタイムルール」）など、放送特有の規制の多くはそのまま維持されている。

結局、「4条撤廃論」も「反対論」も、どちらもよくわからない。全く不毛な報道上の架空論争だったと思う。

「偏向報道」か否か

「放送法4条は現状でも守られていない。偏向報道が横行している。だから、放送法4条を撤廃したらよい」と主張する人もいる。

例えば、加計学園の獣医学部新設に関連して、「偏向報道」と批判する向きがあった。第1章でお話ししたように、元文部科学事務次官の前川喜平氏は「行政が歪められた」と政府を批判した。一方で、私は、国家戦略特区WGで同じく民間委員として関わっていた八田達夫氏らとともに記者会見を開き、私たちの認識する事実を伝え、「批判は的外れ」と繰り返した。しかし、特にテレビの報道の多くは批判側に寄り、私たちの説明が報じられることはあまりなかった。

こうしたマスコミ報道に対し、「偏向報道」と批判する人たちもいた。とりわけびっくりしたのは、2017年夏の国会での参考人招致に関して、新聞に出された一面広告だ。ある日、新聞をみていたら、「異常に歪んだテレビ報道」「前川喜平2時間33分46秒、加戸守行6分1秒、原英史2分35秒」と、自分の名前が紙面に大きく記載されている。何かと思ったら、前川氏、加戸氏（前愛媛県知事）、私の3名が、加計問題関連で国会の閉会中審査に呼ばれたのち、それぞれの発言がテレビでどれぐらい報じられたかを比較したものだった。要するに、「新設批判」側の前川氏の発言ばかりがとりあげられ、「新設は妥当」と説明した加戸氏と私はほとんど報じられなかったというわけだ。

私は、この「偏向報道」批判には与《くみ》しない。

なぜなら、報道機関の最大の役割は政府の監視と思うからだ。

たしかに、この時期のマスコミ報道で、事実と異なると思う点は大いにあった。そうした点を、記者会見や国会の場で伝えようとしたが、なかなか伝わらず、もう少し報じてほしいと思うこともあった。

しかし、報道機関の役割は政府の監視である以上、何らかの疑いをもったとき、徹底追及する方向に偏るのは当たり前だと思う。これをいちいち「放送法4条違反」や「偏向報道」などと批判していたら、テレビは報道機関の役割を果たせない。

「スポンサー」「視聴率」への忖度

他方で、現在のテレビ報道に何の疑問も感じないかといえば、全くそんなことはない。特に気になるのが、「スポンサー（広告主や株主）への忖度」と「視聴率への忖度」だ。私はたまにテレビ出演を依頼されることがあるが、限られた経験の中でも何度か疑問に思うことに直面した。

一例をあげると、あるローカル局の番組の収録でのことだ。私が、そこの自治体の行政運営について、かなり批判的なコメントをしたところ、そのコメントは編集段階で全てカットされ、一切放送されなかった。

制作スタッフにきくと、理由は「（その自治体が）テレビ局の株主なので」とのことだった。おそらく、株主だからといって、直接に番組介入することはさすがにあるまい。しかし、自治体の議会で番組内容が問題にされるなど摩擦が生じ、関係各所からにらまれ、その余波で番組打ち切りにつながったりすることを、現場スタッフが心配したのだと思う。つまり、「スポンサー（株主）への忖度」だ。

もうひとつ例をあげると、加計問題に関して、某キー局の番組で収録コメントを求められたときのことだ。当時、こうした機会はあまりなかったので、私は、テレビでは報じられないが重要と考えるポイントをいくつか話した。前の章で触れたような内容だ。インタビューアとやりとりするうちに結局1時間近くに及び、スタッフの人たちも「たしかにそんな観点もあるのですね」などと興味をもって聞いていた。しかし、これも番組で使われることはなかった。

「趣旨はわかりましたが、視聴者はそういう話を求めていないのです」と言われた。制作スタッフの方々が、視聴率をとる観点で、加計問題では徹底批判を貫き、無駄に多角的視点など入れないほうがよいと判断したのだと思う。つまり、「視聴率への忖度」だ。

個別ケースについてとやかく言うつもりはない。私のコメントが使われなかったのは、単にコメントがつまらなかっただけかもしれない。

しかし、番組制作に関わる関係者からもいろいろと話を聞くに、やはり、「スポンサー（広告主や株主）への忖度」と「視聴率への忖度」は、間違いなくあると思う。こうした忖度のため、番組の作り手たちが、本当は伝えるべきと考えていることを伝えられていない。4条は、忖度でとっくに空洞化しているのだ。

こうした裏側を熟知するはずのマスコミ関係者たちが、素知らぬ顔で「4条は神聖」かのごときコメントに終始していたのは、私には不誠実な欺瞞行為と映った。

必要なのは「ビジネスモデル」「新規参入と競争」

そして、これからの放送事業者は、決してすべて右肩上がりではない。経営が厳しくなれば、ますますスポンサーと視聴率に忖度せざるをえない。４条の空洞化は、さらに拡大しかねない。

この問題にどう対応したらよいか。「政治的公平」や「多角的視点」などとお題目だけを唱えても、問題は解決しない。

私が考えるに、作り手たちが少なくとも自らの信念を貫き、無用な忖度をはねのけるための解決策は、確固たる「ビジネスモデル」の確立だ。これからの社会に対応できる確かなビジネスモデルがあり、経営が盤石ならば、短期的には視聴率を落とすなどのマイナスがあったとしても、作り手たちが伝えるべきと考えることを伝え、中長期的に視聴者の信頼を勝ち得るメディアになることを選べるはずだ。

そして、それを支えるのが「新規参入と競争」だ。新規参入と競争のないところに発展はない。これは、産業でも文化でも政治でも、どんな領域でも同じだ。

規制改革推進会議のＷＧで多くの方々の話を伺った中で、東海大学教授で元テレビ朝日政治部長の末延吉正氏が、プロ野球との比較の話をされた。これは私にとって、とても腹におちた話のひとつだ。

プロ野球の球団は、その時代に最も勢いのある事業者が参入してくる。かつては鉄道会社や映画会社が目立ったが、入れ替わって、オリックス（1989年）、ソフトバンク（2005年）、楽天（2005年）、DeNA（2012年）などが入ってきた。翻って地上波テレビ放送のキー局は、1970年代に新聞社との系列が整理され（1973年東京12チャンネル、1977年テレビ朝日に社名変更）、それから40年以上参入がない。「その時代に最も資金力、人材、アイディアのある企業の参入が、業界の活性化と発展のために必要」だと末延氏は指摘した。

私は、そのとおりだと思う。だが、放送業界の人たちと話すと、「金儲け優先の企業を、神聖なテレビの世界に入れるわけにいかない」といった反応が返ってくることが少なくない。かつて2000年代にライブドアや楽天がテレビへの参入を企図したときは、まさにそうした強烈な抵抗で阻まれた。しかし、金がなければ、記者も番組制作スタッフも雇えない。志と放送法4条だけでは、報じたいことも報じるべきことも、放送し続けられない。

なぜ放送では「新規参入と競争」が乏しいのか。現在の「ビジネスモデル」はこれからの社会環境に適応していけるのか。

放送法４条の「撤廃」か「維持」かの空疎な論争より、こうした議論のほうがずっと大事だ。だから、規制改革推進会議では、こちらの議論をした。

実はこの問題も根が深い。裏側には、ここにも、長年議論がなされ、なかなか解決されずにきた「岩盤規制」があった。次章では、時計の針を戻し、経過からお話しする。

第5章　放送界「ハード・ソフト分離」とテレビの未来

「なぜインターネットでテレビが見られないのか」

なぜインターネットでテレビの生放送が見られないのか。（中略）そうした国民の素朴な疑問に回答を示す必要があると思う。（2005年12月6日　竹中平蔵総務大臣閣議後記者会見より）

2005年12月に当時の竹中平蔵総務大臣が記者会見で語った言葉だ。翌2006年1月、こうした問題意識に基づき、「通信・放送の在り方に関する懇談会」（座長：松原聡東洋大学教授）、通称「竹中懇談会」が設置され、「通信と放送の融合」を見据えた幅広い検討が行われた。しかし、この発言から12年の歳月を経た2018年、規制改革推進会議で「放送」の議論を行ったとき、「インターネットでテレビを見る」はいまだに実現していなかった。

「通信・放送の融合」という言葉は、使われるようになって久しい。

元郵政官僚で、長年この分野に取り組まれている第一人者の中村伊知哉・慶応大学教授によれば、「１９９２年の郵政省電気通信審議会の答申で初めて登場した言葉」という（２０１８年2月7日　規制改革推進会議・投資等ＷＧ）。

２００５年にライブドアによるフジサンケイ、楽天によるＴＢＳの買収の動きがあった頃にも、「通信・放送の融合」が注目された。買収が阻止される代わりに、テレビ局が自ら融合に取り組む動きもあった。

しかし、その後、「通信・放送の融合」は、欧米各国と比べ、日本では明らかに遅れた。「インターネットでテレビを見る」がいまだに実現していないことがその象徴だ。

テレビのインターネット配信には、すでに放送した番組を配信する「オンデマンド配信」・「見逃し配信」と、放送と同時にネットでも配信する「同時配信」がある。

「オンデマンド配信」・「見逃し配信」は必ずしも明確な区別はないが、過去に放送した番組を有料で配信するサービス（有料オンデマンド配信）、放送から一週間など限定で無料で配信するサービス（無料見逃し配信）などがある。こちらは、２００８年末にＮ

HKオンデマンドがスタートし、民放各社のオンデマンドサービス、さらに2015年から在京キー局5社でTVer（無料見逃し配信）の運営もスタートした。中村氏によれば、欧米各国と比べ3年ほどの遅れがあったというが、それでもいちおう動いている。

民放が「同時配信」に慎重なワケ

一方、より深刻に遅れてきたのが「同時配信」だ。つまり、竹中氏のいった「インターネットでテレビの生放送を見る」だ。英国では2006年、フランスでは2011年、米国では2013年から、主要な地上波テレビの同時配信がスタートした。これに対し、日本では2018年時点でまだごく限定的にしか実施されていなかった。災害情報・ニュースなどの部分的な配信、オリンピックやワールドカップなどでの試験的実施にとどまっている状況だ。

「なぜ見られないのか」。竹中氏の提示した「素朴な疑問」への答えは、ちょっとややこしい。

簡単にいうと、

・民放は、制度上は何も制約がないが、ビジネス上の理由で慎重、

・ＮＨＫは、前向きだが、放送法上の制約で常時同時配信は認められていない、とのねじれた構図が続いてきた。

民放がなぜ慎重だったかというと、同時配信にはコストがかかり、コスト回収して収入を得る見通しがそう簡単に立たないからだ。この点、受信料で事業拡大を図れるＮＨＫとスタンスが違う。また、民放の場合、キー局とローカル局の構造の問題もある。キー局の番組がネットで視聴できるようになれば、ローカル局の経営を直撃しかねない。このため、民放では、制度上は何も制約がないのだが、テレビ東京やＭＸテレビの一部番組を除いて、同時配信は遅れていた。

他方、ＮＨＫは、同時配信を前向きに進めたい立場だが、逆に制度上の制約があった。放送法で業務が限定されており、同時配信は部分的・試験的な範囲でしか認められていなかった。放送法改正で常時同時配信を認めるよう、総務省に要望を続けていたが、なかなか実現しなかった。

２０１６年12月、「総務省が放送法改正案を２０１７年通常国会に提出する方針を固めた」と報じられたこともあったが、このときは立ち消えになった。ＮＨＫが同時配信を始めれば民放も対応せざるを得ないことを危惧し、民放連が「結論ありきで制度改正を進めることは極めて不適切」、新聞協会が「常時同時配信のみ法改正を先行させることには反対」などと、強く反発したためだ。

2019年通常国会でようやく、NHKの常時同時配信を解禁する方向に進みつつある。ここに至るまで10年以上、ねじれ構図の中で同時配信は停滞し続けてきた。

欧米では「ハード・ソフト分離」が当たり前

インターネット配信は、なぜ欧米で先行し、日本では遅れたのだろうか。

日本だけインターネット技術が遅れたわけではないし、特別にコストがかかったわけでもない。番組を配信する可能性に気付かず、議論が遅れたわけでもない。むしろ、欧米で本格スタートする以前に、竹中懇談会では先進的な議論がなされていた。

背後にあったのは、「ハード・ソフト一致」か「ハード・ソフト分離」か、の違いだ。

中村伊知哉氏はこう指摘した。

欧米は電波とコンテンツの分業が進んでいるのに対して、日本はハード・ソフトの一致のモデルでありました。かつ、そのビジネスが順調でありましたので、変化

のインセンティブがなかったという点が大きいのではないかと考えます。（2018年2月7日　規制改革推進会議・投資等WG）

「ハード」とは送信設備を建て放送波で番組を伝送すること、「ソフト」とは番組の制作や編成のことだ。

欧米諸国では、歴史的事情により、程度に差はあるが両者が分離されている。イギリスやフランスなどは、もともと国営放送を分離する形で民放が生まれた。ハードの設備は共同利用する仕組みだったので、最初からハードとソフトが分離されていた。米国は、古くから3大ネットワークなど民放中心だったが、強大な影響力を排除するため、「フィンシン・ルール」が1972年に導入された。このルールでは、3大ネットワークが外部の制作会社の配給・販売・所有権を持ってはならないことなどが定められた。所期の目的を果たしたとして95年に廃止されたが、これにより分業が進んだ。欧州とは異なるが、米国でも番組制作の中核を担うのは制作会社で、やはりハードとは切り離された。

一方、日本では、衛星放送などは別として、中核となる地上波放送は「ハード・ソフト一致」だ。ハードの設備を有するNHKや民放各局が、番組の制作や編成も担う。番組制作では制作会社も担い手だが、多くの場合はパーツの下請けで、独立性をもって番組全体の制作を担うケースは稀だ。つまり、米国などでの「外部調達」とは異なり、制作主体はあくまでテレビ局だ。

この違いが、インターネット配信に影響する理由は、こういうことだ。

まず、「ハード・ソフト分離」モデルの場合は、ソフトの事業者にとって、番組を放送波で届けるかインターネットで届けるかは、単に伝送経路の選択に過ぎない。インターネットで見たい視聴者が増えれば、当然そちらでも届けることを考える。

ところが、「ハード・ソフト一致」モデルでは、事情が異なる。ソフトの事業者（ここでは放送局）は、放送波で届けるためのハードも有している。モノの製造・販売にたとえるなら、メーカーが直営流通網を全国に張り巡らしている状態だ。外部で新たに有望な流通チャンネルが生まれても、自社の直営流通網をないがしろにするわけにはいかないから、外部のチャンネルには番組は流せない。放送波に重きがおかれるのは必然だ。

日本でのインターネット配信が遅れてきたのはこうした事情からだった。

新たな技術を最大限活用し、「新規参入と競争」を促すため、「ハード・ソフト分離」が必要なのではないか。これも、長年なされてきた古い議論だった。

宮内氏が提起した「縦割りから横割りへ」

これまでの通信、放送事業は同一企業がインフラからサービスまでいわゆる一気通貫に提供するという垂直統合型の構造であったが、ネットワーク、コンテンツなどの機能ごとに現実には水平分離され、別々の企業がそれぞれの機能を提供することが可能な構造になっている。

こうした変化の結果、現在は通信、放送別々に縦割りで垂直統合的なビジネスが行われているが、今後はインフラ、コンテンツといった機能毎に競争が進み、通信、放送共通のインフラの上でさまざまな情報通信サービスを提供できるようになる。これは例えばコンピュータ産業の歴史を顧みると、かつてはＩＢＭがハードも売り、ソフトも全部提供していたという状況だったわけであるが、それがハードとソフトがアンバンドルというか、水平分離された。そして、それぞれの市場に多数の企業が参入して競争が激化した結果、現在の隆盛を迎えるという歴史がある。今や通信、放送の分野でも同様な変化が起きているのではないかという認識を持っている。

このようにデジタル化、インターネットの普及により、現実はどんどん進んでおり、そうした変化を後押ししてこそＩＴが日本経済再生のいわゆる牽引者になるということではないかと思う。アナログ技術を前提とした通信、放送の規制体系がそうした変革を阻害しないようにするということが今、必要であろうかと思う。（２００１年12月６日　ＩＴ戦略本部。傍線筆者）

これは、２００１年のＩＴ戦略本部での宮内義彦オリックス会長（ＩＴ関連規制改革専門調査会座長）の発言だ。

「垂直統合」は、「ハード・ソフト一致」のことだ。かつてコンピュータ産業で起きたように、技術の進展により、通信・放送の世界でも「ハード・ソフト分離」あるいは「水平分離」が可能になっている。分離により、産業の隆盛も期待される。

ところが、問題は政府の規制だ。「ハード・ソフト一致」が当然に前提とされ、例えば放送事業者の免許は、ハード・ソフト両方を担う事業者にしか与えられなかった。規制体系が「変革を阻害しないように」しないといけない、というのが宮内氏の述べたことだ。

この議論も、１９９０年代からなされてきた、前世紀の積み残し課題のひとつだったが、本格的に取り上げられたのは、小泉純一郎内閣でのことだ。２００１年、政府のＩＴ戦略本部と総合規制改革会議の混成チームの形で、「ＩＴ関連規制改革専門調査会」（座長：宮内義彦オリックス会長）が設置された。専門調査会が２００１年12月にまとめた報告書で「大至急」の課題として取り上げた一つが、この問題だった。引用した宮内氏の発言は、会議で総理や関係閣僚らに、報告書の説明をした際のものだ。

闇に葬られた２００１年報告書

ちなみに、２００１年の時点では、「通信の水平分離」もこれからの課題として語られていた。しかし、こちらはその後、全く状況が変わる。当時進められたアクセス回線開放などにより、２０００年代前半にはＡＤＳＬが急拡大し、インフラとサービス提供者の分離は進んだ。モバイルでも、ｉモードを出発点として携帯電話上で多様なサービスを提供するコンテンツプロバイダーが生まれた。通信キャリア（ＭＮＯ）から通信インフラを借り、比較的低料金でモバイルサービスを提供するＭＶＮＯなどの新たなサービス形態も生まれた。通信の世界では、もはや「水平分離」は当たり前になった。

同様のことは、ほかの分野でも起きている。電力分野も、従来は「垂直統合」だったが、２０１０年代の電力自由化により発送電分離が進められつつある。金融分野でも近年、フィンテックの進展に伴い、銀行などが「垂直統合」で提供していたサービスを機能別に分離する動きが起きている。金融庁で２０１７年11月、縦割りの業法体系から「機能別・横断的な金融規制の整備」に向けた検討がスタートした。

２０１８年２月の未来投資会議で安倍総理は、ソサエティ５・０（Society 5.0）に向けたこれからの課題として、「縦割りの規制システムからの脱却」を掲げた。

従来の産業分類にとらわれない革新的なビジネスが次々と登場してくる時代に、いわゆる業法のような縦割りの発想に基づく20世紀型の規制システムから脱却し、サービスや機能に着目した発想で捉え直した横断的な制度改革を進めていく必要がある。（２０１８年２月１日　未来投資会議）

２００１年の宮内氏の発言と２０１８年の安倍総理の発言は、基本的に同じことを言っている。「縦割りから横割りへ」は、対象業種は一部変遷しつつ、いまだに継続中だ。

その中で、「垂直統合」で取り残された分野の一つが、放送だった。

２００１年に話を戻すと、専門調査会の報告書は、その後、闇に葬り去られる。メディアから猛反発が起きたためだ。民放連と新聞協会は、ハード・ソフトの分離がなされれば、災害時の対応などに支障をきたし、放送サービスが「壊滅」するおそれがあり、「看過できない」と表明した（２００２年１月の社団法人日本民間放送連盟、社団法人日本新聞協会メディア開発委員会の意見書）。

他国では「ハード・ソフト分離」で事業運営がなされているのに、日本ではなぜ放送事業の「壊滅」をもたらすのか、私には分からない。

だがともかく、報告書はお蔵入りになった。ＩＴ戦略本部が２００２年６月に決定した「e-Japan 重点計画―２００２」では、「ハード・ソフト分離」や「縦割りから横割りへ」は、ほぼ痕跡なく消し去られた。

法体系は整ったが……

いちどは闇に葬られた「ハード・ソフト分離」が再び浮上したのは、小泉政権が残り一年となった２００５年秋、竹中平蔵氏が総務大臣に横滑りしてからだ。この章の冒頭で触れた竹中懇談会での検討が2006年1―6月に集中的になされた。NHK改革や通信規制の見直しなどとともに、「ハード・ソフト分離」も取り上げられた。

再び、民放連と新聞協会は、「ハード・ソフト一致原則を堅持すべき」として反発した。自民党でも「ハード・ソフト一致を堅持すべき」との報告がまとめられた。

だが、結論からいうと、今度は、「ハード・ソフト分離」は、日の目をみた。懇談会の報告書は最終的に以下のようにとりまとめられ、基本的にそのまま政府の方針になった。

　2010年までに、現行制度のような基幹放送の概念の維持や放送規律の確保等を前提に必要な法制的手当てを措置し、（中略）伝送・プラットフォーム・コンテンツといったレイヤー区分に対応した法体系とすべきである。

　なお、これはあくまで法律、規制の体系の見直しであり、事業者が垂直統合的な組織・サービスを志向することを妨げるものでないことは当然である。（2006年6月6日「通信・放送の在り方に関する懇談会」報告書）

補足すると、「基幹放送の概念の維持」というフレーズは、その後の政府決定文書でも繰り返される。地上波放送への配慮をにじませ、合意形成を図ったものと理解したらよい。また、なお書きの「垂直統合を妨げない」との記載は、「水平分離」を可能にするが、「垂直統合」を続けたい事業者はそれでも構わないとの意味だ。これは当たり前のことだ。こうやって、配慮を殊更ににじませ、当たり前の記載をわざわざ加えて合意形成を図るのは、政策現場でよくある手法だ。

その後は、総務省で「通信・放送の総合的な法体系に関する研究会」で詳細検討がなされ（２００７年12月報告書）、さらに情報通信審議会への諮問がなされた（２００９年８月答申）。直後に政権交代があり、結局、鳩山由紀夫総理、原口一博総務大臣のもとで、２０１０年通常国会に放送法改正案が提出され、成立に至った。この間、「情報通信法構想」が示され、通信分野へのコンテンツ規制導入が大きな争点になるなど紆余曲折もあったが、ここでは省く。

結論だけいえば、２０１０年放送法改正によって、

・通信・放送分野の「縦割り」の法体系が、相当程度「横割り」に整理され、
・地上波放送でも「ハード・ソフト分離」が可能とされた。

前出の中村伊知哉氏によれば、こういうことだ。

制度の整備論は進みまして、2006年、総務省の「通信・放送の在り方に関する懇談会」いわゆる竹中懇談会で通信・放送の法制度の抜本見直しが論じられました。当時、通信と放送の法律は縦横に入り組んだ約10本の規制法がございました。（中略）

その後、議論と調整が続きまして、結局、法律はすっきりと4本に整理をされまして、2011年に施行されました。（中略）ハード・ソフトの分離、あるいは（通信・放送の）両用免許などの法律上の枠組みができました。これは世界に先駆けての法体系だと考えます。（2018年2月7日　規制改革推進会議・投資等WG）

ハードとソフトの分離は起こらず

「ハード・ソフト分離」は制度上は可能になった。問題は実態だ。実態は、何も変わらなかった。2018年時点で「ハード・ソフト分離」を選択している地上波放送事業者は、一社も存在しなかった。正確には、2011年にAMラジオの茨城放送がいちど分離したことがあるが、その後統合されていた。地上波放送事業者は、テレビで約130社（ラジオとの兼営を含む）、ラジオなどが約370社あるが、すべて「ハード・ソフト一致」だった。

もちろん、「ハード・ソフト分離」が制度上可能になったからといって、すべての事業者が分離するわけはないし、そんな必要もない。だが、分離を可能にするためにわざわざ法改正をして8年が経過し、一社として分離していない。これでは何のために法改正したのかもわからないし、通常はあり得ない事態だ。

なぜそうなったかというと、答えは、2010年放送法改正が不完全だったからだ。おそらく、ミステイクではなく、意図的に不完全な政策にとどめた結果だ。

法改正以前、すべての事業者は「ハード・ソフト一致」で運営していた。しかも、民放連はずっと「ハード・ソフト一致の堅持」を求め続けており、みずから分離に切り替えようとはしていなかった。単に制度上「ハード・ソフト分離」を可能にするだけでは、ハードにもソフトにも新規参入の余地がなく、何も変わるわけがない。火を見るより明らかなことだった。

第2章で、「規制緩和」と「規制改革」のお話をした。「規制緩和」だけでは実質的に競争を起こせないときは、競争促進の措置を構ずる。両方セットでやるのが「規制改革」だ。

通信の世界では、「規制改革」が行われた。通信自由化という「規制緩和」と併せ、競争促進の措置も講じられた。ちょうど「通信・放送の融合」が本格的に議論されはじめた2001年前後、NTTなどが保有する通信網の開放が進められた。ドライカッパー（電話回線の中でそれまで使われていなかった帯域）やダークファイバー（稼働していなかった光ファイバー回線）などの開放がなければ、新規参入はありえなかった。ドミナント規制（63ページ参照）など実質的に競争できる環境を整える措置も講じられた。

一方、放送の世界では、「規制緩和」しかなされなかった。2010年放送法改正は、単に「分離を可能」にしただけだ。これでは、実質的には変革を止めているのと同じことだ。

2001年に宮内氏が求めた「変革を阻害しないように」する規制改革は、今に至るまで未完のままだった。「インターネットでテレビを見る」がずっと実現できずにきたのも、前章でお話しした「新規参入と競争」が乏しいのも、原因はここにあった。

強制分離は筋違い

「規制改革」を完結させるために何が必要か。

これが、2018年の規制改革推進会議で議論した最大の難題だった。

ここでも混乱があった。マスコミ関係者の間でなぜか、規制改革推進会議は「ハード・ソフトの強制分離」を狙っているとの憶測が流布したためだ。

記者：……従来、通信・放送融合というと、よくハード・ソフト分離のことが、90年代から議論になってきましたので、これは、座長の念頭にあると考えてよろしいのでしょうか。

原座長：そのお話も、これまでのワーキング・グループの中でもお話を伺っておりますが、約10年前の議論の中で、ハード・ソフトの分離についての議論が総務省の懇談会や、その後の研究会でなされ、その後、放送法の改正がなされて、ハード・ソフトの分離ができるという制度に、今、なっているというような話を、これまでも伺ってきております。

そういった現状を前提として、（中略）何がこれからの課題になるのかということ

とを幅広く議論をしていくということでございます。（2018年4月16日　規制改革推進会議終了後記者会見）

議論の途中段階で、記者会見でこんなやりとりをしたら、翌日の新聞記事では、私が「強制分離を検討する」と表明したことになっていて、大変びっくりした。

日本新聞協会が2018年4月、規制改革推進会議の議論に関して公表した意見書にもわざわざ「仮にハードとソフトが強制的に分離されれば、（災害時に）中継車の手配や番組の切り替えなどに遅滞が生じ、国民生活に支障が出かねない」などの記載があった。2001年当時から唱えられていた「分離反対」論が、ここでまた出てきたわけだ。

実際には、会議で「強制分離」という議論は一度もしていない。これも、「4条撤廃」と同じく、架空論争のようなものだった。

なぜ議論しなかったかは、会議で議論していないので私個人の認識だが、「強制分離」は筋違いだからだ。

「ハード・ソフト分離」を可能にすることと、「ハード・ソフト分離」を強制することは、全く違う。後者の「強制分離」は、憲法上の営業の自由に対する強度の制約であり、もし導入しようとするなら、どうしてもそうすべき大義名分が必要だ。しかし、放送に関して、大義名分は見当たらない。

電力では発送電分離を義務付けているが、電力と放送では構造が違う。電力の場合、送電網を通さない限り電力供給ができず、そこを通して発電会社が公正に競争するには分離がどうしても不可欠だ。これに対し、番組の場合は、放送網を通しても通信網を通しても提供可能なのだから、土台から構造が違う。

米国がフィンシン・ルールを導入した１９７０年代のように、地上波放送があまりに盤石・強大なので影響力を削がなければならない時代でもない。それどころか今は、地殻変動のような業界大再編が起きている最中だ。２０１６年以降、ＡＴ＆Ｔによるタイム・ワーナーの買収、ディズニーによるＦＯＸの買収など、世界では超大型買収案件が続出し進行中だ。日本でいえば、ＮＴＴとＮＨＫが合併するような事態だ。さらに、米国を中心としたＯＴＴ（over the top）事業者は、新たな形の垂直統合モデルで、顧客とデータの囲い込みを競い合ってもいる。

通信・放送・コンテンツ・メディアの領域にまたがり、勝ち残りを賭けた大再編が繰り広げられている状況だ。その中で、さまざまな事業部門を組み合わせる可能性のひとつをわざわざ奪う「強制分離」は、私には、議論すべき課題と思われなかった。

ネットフリックスやアマゾンの脅威

規制改革推進会議で何を議論したかに話を戻す。

放送事業は2つの大きな変革に直面しています。第1は技術革新です。長年言われておりました通信・放送の融合はさらなる段階に入っています。4K・8Kの衛星での本格スタートが目前に迫っています。5Gで全く新たな通信環境も実現する。さらにバーチャル・リアリティ（VR）、オーギュメンテッド・リアリティ（AR）などの新たな世界も広がっています。第2は国際競争です。映像コンテンツが国境を越えて流通する中で、放送事業もグローバルな競争の時代に突入しています。

こうした変革は大きなチャンスであると考えております。放送事業は従来の放送の枠を超え、最新技術を活用し、国境を越えた展開を進め、ソサエティ5・0に向けた新しい成長戦略を描くことができます。国民はより多様で良質なコンテンツを享受することができます。特にオリンピック・パラリンピックで世界の注目が集まる2020年は放送事業の新たな飛躍のときと考えます。成長を基盤としてこそ、放送が従来果たしてきた民主主義の基盤としての機能のほか、社会的な機能をこれまで以上に果たすことも可能になります。

ただ、未来に向かうため解決すべき課題があります。（中略）第1に、放送事業の足元の事業環境の課題です。若年層のテレビ離れが進んでいます。ネットフリックスやアマゾンなど、海外OTT事業者は、アメリカなどでは既に放送との激しい競争に入っています。国内に閉じた伝統的ビジネスモデルには課題があります。とりわけローカル局が地域に根差した情報発信機能を維持し続けられるかも課題となっています。

第2に、制作現場での課題です。制作会社などとの取引関係、労働環境、著作権処理などの課題は従来から指摘され続けながら、いまだに残っています。このままでは現場の担い手たちが最大限に力を発揮し、その成果を視聴者に届けることが妨げられると考えます。（中略）答申ではこうした課題解決のための方策を示しています。（2018年6月4日　規制改革推進会議後記者会見）

2018年6月、放送の答申をまとめ、大田弘子議長から安倍総理に提出した。その後の記者会見での私の説明だ。

ネットフリックスやアマゾンなど、米国発の巨大なインターネット動画配信事業者との関係は、とりわけ気になった。通信インフラなどの上でサービスを提供するとの意味で、OTT事業者とも呼ばれる。これらは単なる配信サービスにとどまらない。巨額の制作費を投入して独自のコンテンツをつくり、視聴履歴の緻密な分析で顧客に個別におすすめ番組を示し、さらにデータ分析に基づきコンテンツのクオリティも向上していく。「火花」のように、ドラマ化を巡る争奪戦で日本のテレビ各局が敗れ、ネットフリックスでの世界190か国配信が地上波放送に先行するケースもすでに現れている。

米国では、「コードカット」と呼ばれる動きも起きている。映像はOTT事業者の動画配信で足りるので、ケーブルTVの契約をカットしてしまう（ケーブルのコードをカットする）消費者が増えているのだ。

会議のヒアリングでは、多くの識者が、OTT事業者にテレビ産業が凌駕されてしまうのではないかとの危機感を示された。

その一方で、日本民間放送連盟の方々に「OTTの影響」を伺うと、「油断はしていません」とされつつも、こんなコメントをされた。

日本における加入数はまだ多くなく、今のところ放送事業者はＯＴＴを主要なコンペティターとは考えていません。民放連で将来の予測をする際も視聴率の動向、マクロ経済の動向、そういったものは当然加味して計量モデルを作って予測しますが、ＯＴＴの影響というのは今のところ盛り込んでいません。現在はまだそのぐらいの影響力という認識です。（２０１８年４月26日　規制改革推進会議・投資等ＷＧ）

言われていることがわからないではないが、この温度差は、テレビ産業にとってとても危ういと私は思った。

「ビジネスモデル」をなぜ政府で議論するのか

日本のテレビ産業は、ビジネスモデルが強固だった。

キー局を中心に番組を制作し、放送波で流す。系列のローカル局にはネットワーク料（俗称でミルク代とも呼ばれる）を配り、全国ネットを維持する。そして、広告収入で稼ぐ。経済が右肩上がりの時代には、広告収入がどんどん伸び、見事に機能した。低成長期に入っても、そう簡単にビジネスモデルが揺るがなかった。

しかし、そのビジネスモデルが今、揺らぎつつある。ＯＴＴの進出のほか、若年層のテレビ離れも大きい。今テレビをあまり見ない10―20代の世代は、10年後に20―30代になればテレビを見るようになるわけではない。世代が持ち上がってテレビ離れは進んでいく。地域経済の縮小に伴い、ローカル局の未来はとりわけ厳しい。

ビジネスモデルが従来あまりに強固だったが故に、揺らぎへの対応が遅れている面は否めない。

日本のテレビ産業は、コンテンツの制作能力も高い。今も「最も高品質の映像コンテンツは放送局が制作している」。これは、インターネットの動画配信とテレビの双方の世界に通じる夏野剛・慶応大学教授の言葉だ（２０１８年4月24日　規制改革推進会議・投資等ＷＧでの夏野氏提出資料）。しかし、「このまま既存ビジネスモデルにしがみつく」状態では「日本のテレビ映像コンテンツは出口を失う」（同）とも指摘された。

最高級の制作能力を有する日本の事業者が、従来のビジネスモデルにとらわれ、これから放送の主要プレイヤーの座を失い、現場の人材や技術なども雲散霧消していくとしたら、こんなにもったいないことはない。

こういう話をすると、テレビ業界の方々からは、「あなたに心配してもらわなくても、インターネットへの対応も、さまざまなリスクへの対応もしっかりやっている。余計なお世話だ」との反論をいただく。

しかし、インターネット対応を10年早くされていたなら、心配していない。日本のテレビ業界の実力をもってすれば、今頃は、ネットフリックスやアマゾンなど手も足も出せない、はるかに強大な存在になっていておかしくなかったと思う。

「余計なお世話」とも思わない。

放送産業の従来のビジネスモデルは、放送産業が独力で形作ってきたわけではない。政府が、規制制度によって、一緒に構築し維持してきたものだ。そのビジネスモデルが限界に達しつつある以上、政府もこれを見直す共同責任を負う。

だから、規制改革推進会議では、放送のビジネスモデルを議論した。

コンテンツの出口「プラットフォーム」の構築

テレビなんて、別になくなっても構わないんじゃないか。テレビ業界以外の方々からは、こう言われることも多い。

たしかにエンターテインメントに関しては、ネットフリックスやアマゾンがあれば、それでいいのかもしれない。だが、問題は、報道がどうなるかだ。もしも将来、ＯＴＴ事業者たちが日本のテレビを駆逐してしまうとしたら、その先で日本の民主主義の基盤は守られるのか。少なくとも私は、大丈夫との確信を持てない。

政治・経済の領域でも、インターネットで動画配信するネット放送局やユーチューバーたちなどは次々に現れている。しかし、残念ながら玉石混淆だ。極端な主義主張に偏る番組が人気を集める傾向も強い。こうしたネットメディアの拡大は、情報の多様性を広げる一方で、社会の分断につながりかねない大きな危険性もはらんでいる。報道はネットメディアがあれば十分、などとは到底いえない。

では、どうしたらよいか。答えは結局、放送の世界に「新規参入と競争」を起こすことだ。

このために、規制改革推進会議の答申では、「プラットフォームの構築」を提言した。ここでいう「プラットフォーム」とは、伝送方式はネット配信でも放送波でもどちらでもよい。ともかくポイントは、既存の放送事業者と新たなチャレンジャーたちが、共通して利用できるプラットフォームを設け、その上で番組を流し、番組内容で競い合えるようにすることだ。

放送事業者と新たなチャレンジャーたちが、現状のように、お互いちょっとだけ意識しながらも別世界にいるのではなく、同じ土俵で正面から競い合う。そうした競争を通じて、双方の強みがハイブリッドされ、より強いビジネスモデル、よりハイレベルの番組が生み出され、勝ち残り、さらにレベルアップしていく。これまでの放送産業は、新たな成長産業へと進化を遂げていくはずだ。

これは、長年の懸案であった「ハード・ソフト分離」の完結といってもよい。「ハード」のプラットフォームができれば、「ソフト」部門だけでの新規参入も可能になる。既存の放送事業者も、「ハード・ソフト分離」を検討できる。かつて通信の世界で起きたように、「規制緩和」だけでなく「規制改革」を行うことで、放送の世界にも「新規参入と競争」がもたらされる。

提言を受け、政府で「プラットフォームの構築」に向けた検討が始まっている。ただ、具体像はこれからだ。どうすれば、適正な競争環境を作り、よりハイレベルなメディアを創出していけるか。仕組みづくりは簡単ではない。だが、何年もかけている余裕もない。従来の放送が衰退し、社会が分断してしまう前に、なんとかしなければならない。

十数年前から、関係者はどうにかしなければいけないという危機感を持っていらっしゃるのです（中略）放送が、今のまま、ゆっくり、我々と一緒に、高齢者とともに消え去っていくつもりなら、それもいいのですけれども、ある段階で若い人たちは、自分の将来のために、何か方策をしたいとなると思います。そのときに、その方策をうまくのせるような仕組みを作っておいてやることが、必要だろうと思います。（２０１８年4月25日　規制改革推進会議・投資等ＷＧ）

放送・通信分野の行政に長年関わられてきた多賀谷一照・千葉大名誉教授がヒアリングで仰ったことだ。私は、この言葉を胸に刻み、何をすべきか考え抜き、答申にまとめたつもりだ。

この先は、放送業界を担う方々の番だ。未来に向けて、自ら大きく変革していくことに少しでもつながってほしいと願っている。

飛躍的に増加する電波ニーズ

規制改革推進会議は、1990年代から概ね3年程度の期限でリニューアルを繰り返してきた第三者機関の一つだった（2016年9月―2019年7月、61ページ参照）。さまざまな課題を扱ったが、「電波の有効利用」は継続して議論してきた大テーマの一つだ。第一次答申から第四次答申まで毎回、答申の中で取り上げてきた。

・第一次答申（2017年5月）：公共用電波
・第二次答申（2017年11月）：電波制度改革
・第三次答申（2018年6月）：放送
・第四次答申（2018年11月）：携帯電話市場

「放送」はその一環だった。

一部で邪推されたような「偏向報道への意趣返し」「民放解体が狙い」といった話は

全く関係ない。私たちがこの議論を始めたのは、「第四次産業革命」と「電波の有効利用」の文脈だった。

世界では、第四次産業革命が進行中だ。18世紀末以降の水力や蒸気機関による第一次産業革命、20世紀初頭の電力による第二次産業革命、１９７０年代初頭からの電子・情報技術による第三次産業革命に続く産業革命だ。日本では「ソサエティ５・０」との言葉も使われる。主要な要素は、ＡＩ、ロボット、ＩｏＴ、ビッグデータ活用などだ。これらの影響は技術面にとどまらない。例えば、これまで人間が当たり前のようにしてきた仕事がＡＩで可能になる、車の運転は自動走行で不要になる、家事はロボットが担うようになる。仕事や生活のあり様、社会の仕組みが根本的に変わっていく。「革命」と呼ばれる所以だ。

そして、その裏側で、データを機械間でやりとりしＡＩやロボットが機能するための基盤となるのが電波だ。

電波は、１８９５年にマルコーニが無線電信を成功させて以降、行政などでの緊急時の通信、ラジオ放送、テレビ放送、携帯電話と、その利用の仕方が拡大してきた。第四次産業革命に伴い、電波利用がまた次の段階に入る。これまでは、放送も携帯電話も受け手は人だった。これからは、データセンターとロボットの間、自動車と自動車の間、さらにＩＴ機能を搭載した家電など、機械と機械の間の通信に拡大していく。機械の数は地球上の総人口よりはるかに多いから、これまでとは比較にならない規模で、新たな電波利用ニーズは飛躍的に増大する。

だが、電波の帯域は無限ではない。とりわけ、利用しやすい電波は限られている。電波は、周波数帯域によって「長波（30―300キロヘルツ）」「中波（300キロヘルツ―3メガヘルツ）」「短波（3―30メガヘルツ）」「超短波／ＶＨＦ（30―300メガヘルツ）」「極超短波／ＵＨＦ（300メガヘルツ―3ギガヘルツ）」「マイクロ波（3―30ギガヘルツ）」「ミリ波（30―300ギガヘルツ）」などにわかれる。周波数が高いほど、情報伝送量は大きいが、その代わり、直進性が強い。つまり、回り込むのが苦手で、障害物に弱い。逆に周波数が低いと、障害物には強いが、情報伝送量は小さい。このため、一般に使い勝手がよいとされる帯域は、真ん中あたりのＶＨＦ、ＵＨＦなどが中心だ。

使い勝手のよい帯域の多くは、古くからの電波ユーザーである「公共機関」や「放送」などにすでに割り当てられている。技術革新でより高い周波数を利用する取組は進められているが、まだ限界がある。

だから、「電波の有効利用」が課題になる。第四次産業革命に伴う新たなニーズに応えるため、すでに割り当てられている帯域の再編が欠かせない。土地にたとえれば、区画整理を行い、新たな用地を確保して、再開発を進める必要があるのだ。

「公共」「放送」部分の電波の整理

こうした問題意識は、米国や英国などで顕著だ。

米国ではオバマ政権の時代に、「周波数スーパーハイウェイ」構想を掲げた。経済成長を加速させるため、周波数不足を補う方策の一つとして、連邦政府用周波数から最大1000メガヘルツ幅を官民で共用するなどの施策方針を打ち出した（2012年7月大統領科学技術諮問委員会勧告）。「ダイナミック周波数アクセスシステム」といった新たな取組も進められている。海軍の艦船レーダーなどに割り当てられている帯域で、そのときどきにあいている場所・時間などをリアルタイムで検出し、民間事業者に割り当てるものだ。英国でも2010年頃から、目標を定めて公共用周波数の民間開放が進められている。

また、米国では、放送用に割り当てられた周波数を活用する動きもある。2016

—17年にかけて「インセンティブオークション」と呼ばれる取組がなされた。通常の電波オークションは、土地や絵画と同様、割当を受けようとする側が入札し、落札したらお金を払う。これと逆に「電波を返上したらお金を払う」との逆オークションを組み合わせたものだ。テレビ局が利用していた600メガヘルツ帯を約100億ドルで回収し、新たな帯域を必要とする通信事業者に約200億ドルで割当がなされた。

規制改革推進会議の投資等WGでは、こうした視点で、2017年はじめから「電波の有効利用」の議論を行った。

当初は主に「公共用周波数」を対象に検討し（2017年5月第一次答申）、さらに民間部門にも対象を広げて議論を行った（2017年11月第二次答申）。

電波の利用は、従来は放送や携帯電話が中心でした。ソサエティ5・0では、これが大きく変わります。IoT、自動走行、無線給電など、あらゆるものが電波でつながります。動画配信など大容量の通信も飛躍的に拡大します。こうした新しいニーズに対応し、機動的に電波を活用できるようにすることが成長戦略上、極めて重要です。

前期（注：第一次答申まで）は、公共部門に割り当てられた電波に焦点を当てて、利用を効率化し、新たな枠を捻出するための方策を検討しました。今期（注：2017年7月以降）はその後、5月に自民党行革本部の出された御提言も踏まえ、民間部門にも検討範囲を広げて電波利用状況の見える化、電波利用料体系の再設計など、検討をさらに深めたいと考えております。（2017年9月11日　規制改革推進会議での筆者発言）

第二次答申では、電波制度改革の課題を幅広く扱った。電波の場合、まず、現状で誰がどう利用しているのか、十分有効に利用されているのか、必ずしも明確になっていない。土地ならば、どこに空き地があり、どこが高層でどこが平屋かはすぐわかる。しかし、電波の場合は、そこからして雲のかかった状態だ。これを「見える化」するのが第一段階だ。

そのうえで、有効に使われていない区画を整理・再編する「帯域確保」が第二段階。あけた区画をどう割り当てるかの「割当手法」が第三段階。最後は割り当てたあとの「電波利用料」の適正化だ（図表5）。

図表5 電波制度の改革（第2次答申のポイント）

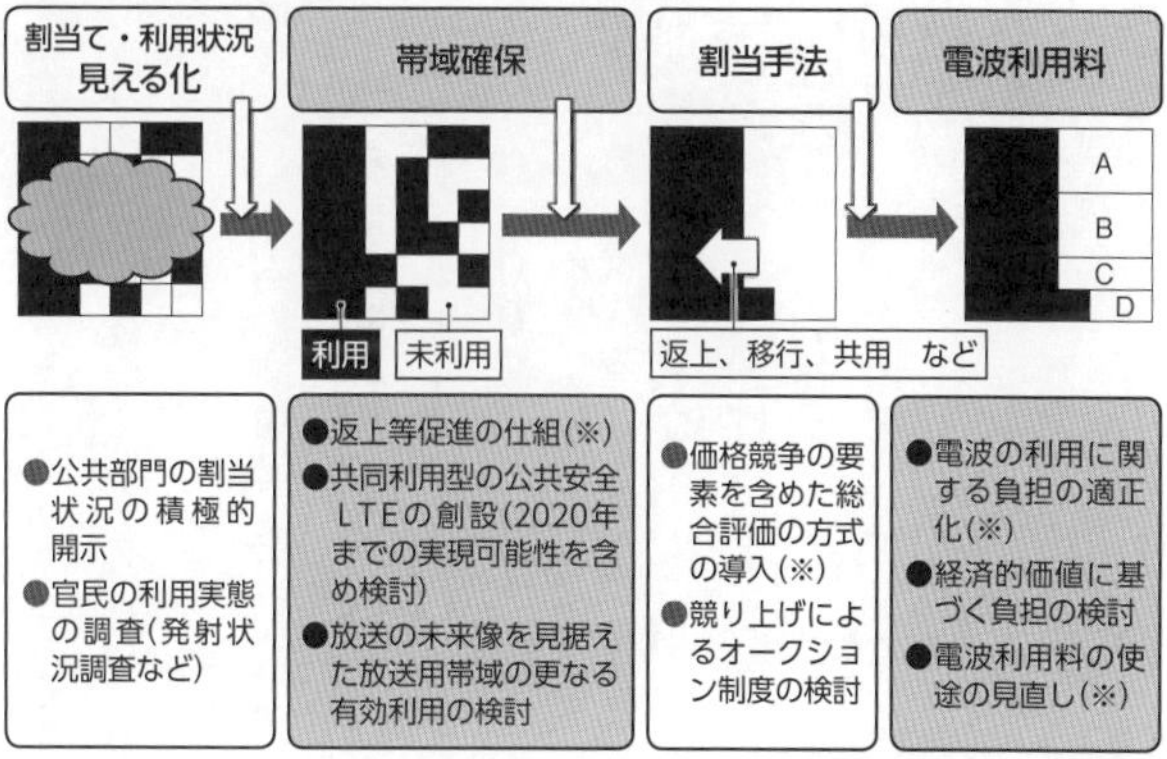

（※）すべて【平成30年度中に法案提出】

進まなかった電波オークション

これらのうち、とりわけ長く争点になり続けてきたのが「電波オークション」だった。

電波の割当は、どこの国でも政府が行う。どの帯域を何の用途で使うかなどの大枠は国際的な取り決めがあって、そのもとで各国政府が個別に利用者への割当を担う。

問題は、誰にどう割り当てるかの手法だ。伝統的にはどこの国でも、誰にどう割り当てるか、政府がすべて判断してきた。人気の高い帯域で競合が生じた場合は、政府がどちらがより有効な帯域活用かを審査し、優劣を決してきた。これが「比較審査」方式と呼ばれる。

これに対し、使いたいと希望する者に価格を入札させ、その結果で割当を決めるのが「オークション」方式だ。政府は全知全能でなく、必ずしも最善の判断ができるとは限らない。オークションならば、有効な活用方法を考えている者ほど高い値段をつける。市場メカニズムの活用によって電波の有効利用を実現できる、との考え方だ。

もともとは、経済学者のロナルド・H・コース（1910—2013年）が提案し、1980年代末からニュージーランド・オーストラリアで実験的導入が始まった。その後、90年代から2000年代初頭、携帯電話の普及拡大とともに、その割当のため、米国や欧州主要国で次々に導入されていった。

日本でも、90年代から議論はあった。95年に閣議決定された「規制緩和推進計画」では「周波数割当におけるオークション制度の導入の検討」が掲げられ、規制改革推進会議の最初期の前身である「行政改革委員会規制緩和小委員会」（95—97年）でも議論がなされた。

しかし、携帯電話事業者などは反対し、当時の郵政省（現在は総務省）も同様の立場をとった。論拠は、設備投資が遅れる、利用料金が上がるなどの懸念だ。これまでは電波の帯域はただで割り当てられていたが、オークションとなれば取得にコストがかかる。

その余波で利用者に悪影響が及ぶというわけだ。

また、外資が入って安全保障上の問題が生ずるとの懸念も指摘された。これはその後、２０００年代になって比較審査方式のもとでボーダフォンが日本市場に参入し、オークションとは別問題であることが明らかになった。もちろん、本当に安全保障上の問題があるときは、きちんと対処したらよい。最近も、中国製機器の使用禁止措置が各国で講じられた。これは、割当方式にかかわりなく対処すればよいことであって、オークションとは関係ない。しかし、ともかく、こうした懸念が示された結果、「検討」は「検討」だけに終わり、オークションは導入されなかった。

その後、２００９年に発足した民主党政権では、急に風向きが変わる。このときも反対はあったが、もともと政権公約の一つとされていたこともあって、導入の一歩手前ぐらいまで進んだ。２０１１年に総務省に「周波数オークションに関する懇談会」が設置され、制度設計の検討がなされ、２０１２年には法案の国会提出まで進んだ。しかし、政権交代に伴い、時間切れに終わった。

今や「日本以外の全OECD加盟国」で実施

長年の議論の中で、推進側からはしばしば、「OECD加盟国のほとんどで、電波オークションが導入されている」との主張がなされてきた。2018年10月、WGのヒアリングで鬼木甫・情報経済研究所所長にお話を伺うと、これがとうとう「日本以外の全OECD加盟国で……」に変わっていた。先進国だけでなく、インド、タイ、ブラジルなどにも広がった。

日本だけが世界各国と異なる、何か特殊な事情があったわけではない。「設備投資が遅れる」などの懸念は、各国にもあった。しかし、日本以外の国はオークション導入に踏み切り、デメリットを解消する方策を探ってきた。例えば、単純に価格だけで決するのでなく設備投資の条件をつけるなど、制度設計の工夫が重ねられてきた。一方、日本では、政府の比較審査、すなわち、総務省の判断に任せ続けてきた。

どちらがより良い結果をもたらしたのかは、賛否両論がある。オークションを導入した国の中には、失敗事例が少なからずある。入札価格の高騰で設備投資が遅れるケースもあった。これに対し、日本は、携帯電話のつながりやすさの面では、世界トップクラスだ。

他方で、良い面ばかりでもない。2018年夏に菅義偉官房長官が問題提起して争点となったように、日本の携帯料金は各国比較で高いと指摘される。「利用料金が上がる」との懸念と裏腹に、電波オークションを導入した国々と比べ、日本の携帯料金は決して安くない。また、料金プランなどの多様性も乏しい。

これらの要因として大きいのは、携帯電話事業者が寡占状態で、十分に競争が働いていないことだ。もちろん、電波オークションを導入していたら十分な競争環境が実現したはず、などという単純な話ではない。しかし、少なくとも言えるのは、総務省の判断で携帯電話事業者に電波を割り当て、通信政策を進めてきた結果として、理想的な携帯通信市場は実現していないことだ。つまり、日本の総務省の官僚も、世界各国の政府職員と同様、決して「全知全能」ではない。

3・9世代携帯電話向けのプラチナバンド（700／900メガヘルツ帯）の割当では、「全知全能」どころか、数か月先を予見できないことも露呈した。総務省は2012年2月に900メガヘルツ帯はソフトバンク、6月に700メガヘルツ帯はNTTドコモ、KDDI、イー・アクセスの3社に均等に割り当てた。しかし、同年10月、ソフトバンクがイー・アクセスを買収し、実質的に2社分の割当を受けることになった。

「リープフロッグ」の可能性

総務省の官僚が「全知全能」でない以上、世界各国と同様、市場メカニズムの活用をもっと早く制度設計に組み込んでおくべきだったと思う。

これから第四次産業革命の中では、より有効に帯域を利用するため、より高度な電波割当方式も課題になる。159ページで触れた「ダイナミック周波数アクセスシステム」のように、ある帯域を時間や場所により変幻自在に共用する方式も求められる。今後、こうした新たな割当の中でも、オークションそのものかどうかは別として、何らかの形での市場メカニズム活用は当然課題になる。いかに優れた制度を作れるかが第四次産業革命での優劣に直結する。政府間の制度設計競争がレベルアップしていく中で、世界がとっくに経験済みのオークションを日本だけが経験していないことは、大きなハンディキャップだ。

しかし、今さら繰り言をいっても仕方がない。世界から出遅れたことは、決して悪いことばかりでもない。世界で成功例と失敗例が積み重ねられた中で、それらをすべて参考に、最善の制度設計ができるからだ。前向きにとらえれば、後発国だからこそ、試行錯誤の時間を省き、最先端に飛び出すこともできる。アフリカ諸国などで最先端のＩＴ技術を導入するケースなどはよく「リープフロッグ」（蛙跳び）と称して紹介される。日本の電波政策には「リープフロッグ」の可能性が十分ある。

２０１７年秋、第二次答申に向けた議論では、再び20年前と同じ慎重論が繰り返された。ただ、違ったのは、この20年間で世界各国に成功例と失敗例が積み重ねられていたことだ。議論を経て、「価格競争の要素を含む総合評価入札方式」を導入することなどが合意された。以下は第二次答申の提出時の私の説明だ。

従来は比較審査で割り当てがなされていました。オークションの導入については、慎重論の立場からは、設備投資がおくれる、利用料金が上がる、外資が入って安全保障上の問題が生ずるなどの指摘があります。一方で、諸外国を見れば、日本を除く全てのＯＥＣＤ加盟国で既に何らかの形で価格競争の仕組みは導入されています。

今回の答申では、従来の比較審査の方式に加え、価格競争の要素を含む新たな総合評価の方式を導入することにしました。平成30年度中の法案提出を求めています。競り上げによるオークションは引き続き検討します。我が国は、この問題では諸外国から出おくれました。結果として幸いなことに、諸外国の成功と失敗を全て踏まえて最適な制度設計ができると確信しております。（２０１７年11月29日　規制改革推進会議）

携帯電話市場の競争は十分か

「携帯電話料金が高い」との話も、長いこと問題にされ続けてきた課題だ。２０１８年夏、菅官房長官が「４割引下げ可能」と発言し、改めて関心を呼んだ。

マスコミでは一部誤解を招く報道もあったが、規制改革推進会議で「携帯料金引下げ」の議論をしたわけではない。

商品・サービスの料金が高いか安いかは、市場で消費者が判断する。規制改革推進会議が料金が適切かを判断し、引下げを求めることはない。携帯料金に関しても同じだ。

ただ、問題は、携帯市場では、競争が十分働いていないことだ。三社寡占構造で、ＭＶＮＯの存在感は小さい。しかも、通信と端末のセット販売が主流で、大幅な端末購入補助や、途中で解約すると高額な違約金を伴う「２年縛り」の拘束などが伴う。消費者にとっては、わかりづらい。わかりづらければ、消費者が十分理解して選択できず、競争はさらに働かなくなる。

こうした問題は、長らく指摘されてきた。総務省は、２００７年に通信・端末の分離プランを要請し、２０１６年には端末購入補助のガイドラインを示した。また、公正取引委員会も、セット販売などにつき「競争政策上望ましくない」「独禁法違反のおそれがある」と指摘してきた。しかし、問題が解消しない。

国民の共有の財産である電波を利用する事業として、問題をこれ以上放置すべきでない。この観点で私たちは問題を取り上げ、答申をまとめた。総務省・公正取引委員会・消費者庁それぞれに対し、競争政策の検証と対応、消費者ルールの改善などを求めた。その一項目として、「通信・端末の完全分離」も求めた。これらが一体となった状態では、消費者にとってわかりづらい状態が続き、いつまで経っても競争環境が改善しないからだ。

答申後の記者会見では、「通信・端末を分離すると、端末の料金が上がるのではないか」といった質問が相次いだ。私の答えはこうだ。

私たちは、ともかく通信と端末のそれぞれで競争環境が整うことが重要だと思っています。

現状では、何が起きているかというと、通信と端末とが一体となってセットで販売されて、それによってわかりにくさ、不公平感の問題が生じています。結果として、競争環境が機能していないということなのです。

この問題も長く議論してきた問題でありました。分離プランの導入を要請したりとか、端末購入補助についてのガイドラインを整備したりといったことが長らくなされてきましたが、この問題の解決を図りたいということで、今回、完全な分離を求めているわけでございます。（2018年11月19日　規制改革推進会議後記者会見）

仮に、端末の価格が上昇し、消費者にとって受け入れられない水準になれば、競争の働く環境でさえあれば、別の選択肢が示される。政府のやるべきことは、消費者が判断できるようにし、競争の働く環境を整えることだ。

規制改革と競争政策は車の両輪だ。根底にあるのは「市場への信頼」だ。

第7章　世界が直面する「現在の課題」――「格差とグローバル化の影」

貧富の差の拡大と移民問題

「岩盤規制」は難題だ。多くの分野で、10年も20年も同じような議論をしてきたが、まだ解決していない。

だが、いつまでもこんなことをやっているわけにはいかない。「岩盤規制」は、世界では1980―90年代に概ね片が付いた、いわば「過去の課題」だ。解決しなければならない課題は、ほかにもたくさんある。

世界各国の政府が直面して解決に苦しんでいる「現在の課題」は、「格差とグローバル化の影」への対応だ。格差は拡大し、グローバル化の負の側面、とりわけ移民問題が噴出し、社会の分断が引き起こされている。2016年には、英国のEU離脱（ブレグジット）、大方の予想を覆したトランプ政権の誕生が続けて起きた。これらは、各国政府が「格差とグローバル化の影」に十分対応できていなかったことに対する、いわば不信任投票ともいえる出来事だった。

戦後、西側先進各国における経済政策の根幹は、自由貿易と市場経済だった。GATT（関税及び貿易に関する一般協定）のもとで構築された自由貿易体制は、モノの貿易からサービス貿易、人の移動へと範囲を広げ、加盟国拡大でWTO（世界貿易機関）が機能不全に陥ったのちはFTA（自由貿易協定）に重点を移して拡大を続けた。経済活動における国境は下がり、グローバルな事業展開・サプライチェーン構築は当たり前になった。また、1980年代以降は、すでにお話ししたように、市場経済をより重視する規制改革も各国で進められた。

自由貿易と市場経済によって経済全体のパイは拡大した。一方で、その裏側でもたらされた問題のひとつが、格差の拡大だ。経済学者のトマ・ピケティらが指摘するように、世界各国において、格差は20世紀半ばにいったん縮小し、その後再び拡大してきた。富が上位1％の富裕層に集中する割合は上昇し、特に英米では戦前の水準に戻っている。

そして、グローバル化から生じた最大の難題が、移民問題だ。国境を超えた人の移動が拡大し、世界での人材獲得競争が繰り広げられる裏面で、移民がもたらす経済社会の分断は欧米で深刻になった。ブレグジットの起きた英国、「メキシコ国境の壁」を唱えてトランプ政権が誕生した米国だけでなく、欧州大陸各国でも移民排斥を唱える政党が勢力を拡大している。

世界各国が直面して苦しみ、まだ明確な解決の道筋は描けていない。

格差を解消できない「事前規制型」対策

「新自由主義（市場経済重視）やグローバリズムが諸悪の根源」かのような指摘がある。また、「日本は、市場重視の規制改革やグローバル化が遅れていたことが幸いし、問題が欧米ほど深刻にはなっていない」との見方がなされることもある。これは二重の意味で間違いだ。

まず、先進各国で、たしかに課題が噴出している。要因は検証し、改善すべきことは改善しないといけない。ただ、少なくとも現在、主要先進国の中で、市場経済そのものを否定し、社会主義経済に本格的に移行しようという国はない。20世紀の改革を逆回転し、航空会社や通信会社を国営・公営に戻そうとの動きも、価格統制を復活しようとの動きも、電波オークションを廃止した国も、私の知る限りない。

グローバル化もまた同じだ。たしかにトランプ大統領は「国境の壁」を唱えているし、また、米中の覇権争いが本格化するなど大きな構造変化も起きているが、とはいえ、本気で国境を閉じて鎖国に走ろうとしている先進国はない。

市場経済は前提として、格差にどう対応していくか。また、グローバル化は前提として、そのスピードや深度をどう調整するか。これが、各国で取り組まれている課題だ。「格差とグローバル化の影」が欧米で起きている対岸の火事で、日本では問題が小さいかのような見方は、さらに大きな間違いだ。

どう間違っているのか。まず、格差の問題からお話ししよう。

日本は、富裕層への富の集中の度合いでは、たしかに英米よりずっと低い。とはいえ、欧州大陸諸国とは同程度の水準だ。さらに、相対的貧困率でみれば、問題はもっと深刻だ。相対的貧困率とは、所得の最も低い人から最も高い人まで順番に並べたときに真ん中の人の所得（これを所得の中位値という）の半分を下回る人の割合、すなわち、貧しい人の比率だ。このデータでは日本は16％と、ＯＥＣＤ平均（11％）を大きく上回り、米国（17％）に近い水準だ（２０１５年ＯＥＣＤレポート）。つまり、日本は、富裕層への富の集中はさほどでないが、貧しい人の多さでみれば、世界でも格差の大きな国になっている。

こんな状態をもたらした要因は、逆説的だが、戦後の日本が長く、比較的平等な社会だったことだ。

かつての「一億総中流社会」を支えてきたのは、「日本型雇用慣行」（長期雇用、年功序列）と、低い失業率だった。サラリーマンになれば、出世競争で多少の差はあれ、年功で一定の給与水準が保証された。そして、低い失業率を支えてきたのが、「生産性の低い産業の保護」と「解雇ルール」だ。本来ならば退出を求められ、従業員を雇い続けられないはずの事業者が規制や補助金で守られた。その一方、解雇を厳格に制約するルールが判例法（整理解雇4要件）で確立され、「いったん雇われれば解雇されない」が原則とされてきた。

他方、比較的平等な社会だったがゆえに、格差の存在を前提とした所得再分配の仕組みは十分に構築されなかった。その必要が乏しかったからだ。国際比較のデータでみれば、所得再分配前の段階では、多くの欧米諸国は、程度の差はあれ、日本よりずっと不平等だ。しかし、税と給付による所得再分配で、これが改善されている。これに対し、日本では、所得再分配による格差縮小の幅は、弱肉強食社会の代表とされる米国と比べても、ずっと小さい状態が続いてきた。ＯＥＣＤレポート（２０１５年）によれば、所得再分配による格差縮小は、ＯＥＣＤ平均26％、北欧諸国30％台に対し、日本は19％だ（２００９―10年）。

要するに、日本の格差対策は、「事前規制型」だった。事後的な所得再分配ではなく、雇用制度・慣行と産業保護によって、あらかじめ格差を生じさせないようにしてきた。

問題は、１９９０年代以降、これらが徐々に機能しなくなったことだ。事前規制型を支えた制度・慣行が消滅したわけではない。慣行面での「日本型雇用慣行」は今も相当程度残っているし、政策面での「生産性の低い産業の保護」も「解雇ルール」も存続している。しかし、経済が低迷する中で、その合間を縫って、「非正規社員による雇用調整」という抜け道が編み出された。「日本型雇用慣行」の枠外で非正規社員を雇い、景気や事業環境が悪化すれば「解雇ルール」の枠外で派遣切りなどを行うようになった。給与など待遇面の格差も生じた。かつて格差対策を担ってきた「解雇ルール」は、たまたま新卒段階で正社員（特に大企業）のポジションを確保した人と、非正規になった人との間の格差を固定・拡大する制度に変質した。

所得再分配前の格差は拡大し、一方で、所得再分配は不十分なままだ。これが日本の現状だ。

「事前規制型」格差対策への郷愁は捨て、現実の格差に向き合って、社会保障や雇用制度などの抜本改革を進めなければならない。本書ではこれ以上立ち入らないが、所得再分配の仕組みは、そろそろ根本的に作り直す議論をスタートしないと、本当にまずい。

格差問題渦巻くテレビ番組の制作現場

雇用制度に関しては、前進が見られる。2016年から、安倍内閣の最重要課題として「働き方改革」が進められ、「働き方改革実現会議」での検討がなされ、2018年の通常国会では、難航しつつも「働き方改革推進法案」の成立に至った。

中でも、「同一労働同一賃金」を掲げて取り組んでいることは画期的だ。日本の雇用慣行では、同じ仕事をしても、正社員か非正規かの違いにより待遇が全く異なるのが当たり前だった。これは不合理な差別だ。かつては機能した、正社員中心の「事前規制型」格差対策がよじれて、格差を不当に拡大させてきた。「働き方改革推進法案」では、これを解消するための措置が盛り込まれた。

もちろん、まだ第一歩に過ぎない。不十分な点、拡充すべき点は多い。解雇ルールなど、残された正社員中心主義の解消にも、引き続き取り組まなければならない。

また、問題は一筋縄では解決しない。「雇用制度」だけでは抜け落ちる問題もある。例えば、雇用関係になく、個別に仕事を受注して働いている人たちだ。こういった人たちはしばしば、正社員はもちろん、雇用関係にある非正規社員より、もっと弱い立場にある。また、下請け企業に過酷な取引条件が課され、結果として、その従業員にしわ寄せがいくこともある。これらは、雇用制度や労働法制だけでは解決できない。

こうした格差問題の複雑さが凝縮された典型例が、テレビ番組の制作現場だ。

番組制作には、多くの場合、テレビ局のほか、制作会社、フリーランスのディレクター・構成作家・カメラマンなど、さまざまな人たちが関わる。正社員も非正規社員も個人事業主もいる。制作会社への下請けも一段階とは限らない。別の制作会社のディレクターに短期的に加わってもらうケース（業界用語では「D貸し」と呼ばれる）などもあって、すぐには全容のわからない多重構造になっている。

問題は、こうしたさまざまな人たちの中に、立場の強い者と弱い者がいることだ。力の差を背景とした不当な取引条件の押し付け、過剰なやり直しの要求、これらに伴う長時間労働などの問題が、以前から指摘されてきた。

省庁の「縦割り」が問題解決を阻む

規制改革推進会議の「放送」の議論では、この問題も取り上げた。

制作現場の課題については、政府側に大きな問題があると考えています。取引関係、労働環境、著作権処理、いずれも政府では複数省庁にまたがり、責任関係が明確ではない。長年解決してこなかった大きな要因と考えられることが、私たちのヒアリングの中でも明らかになりました。（2018年6月4日　規制改革推進会議後記者会見での筆者発言）

政府も、課題は長年認識していた。2007年に発覚した「発掘！あるある大事典」のデータねつ造問題などを契機に、制作会社との取引関係の問題がクローズアップされ、2009年には総務省で「放送コンテンツの製作取引適正化に関するガイドライン」が策定された。下請取引の適正化（下請法）や優越的地位の濫用防止（独禁法）の権限を有する中小企業庁や公正取引委員会でも、ルール整備や特別調査などが行われた。

しかし、それで実態が変わったかといえば、変わっていない。制作会社関係者から非公式には、「何も変わっていない」、「テレビ局のいうことには従うしかない」、「仕方ないことだと諦めている」といった声を聞いた。ただ、「公式な場では決して話せない」との前提だった。そんなことを表でしゃべったら、たちまちテレビ局から取引を打ち切られかねないからだ。

役所も、実態を把握していないわけではない。例えば、総務省の２００９年ガイドラインでは、放送事業者が制作会社に下請けに出す際、「価格の事前協議」をしなければならないことが定められた。当たり前のことじゃないかと思うかもしれないが、現実には、協議もせず不当な価格をおしつけるケースが少なくないのだ。

ところが、ルールを作っても、こんな基本的なことすら徹底されない。２０１７年度時点の総務省の調査では、制作会社の約３割がいまだ「事前協議をしていない」と答えている。一方で、放送事業者側で「事前協議をしていない」と回答したのは０・９％だ。この認識のギャップが問題の本質だ。つまり、力のある者の側は問題の存在すら認識しておらず、だから状況が改善しない。

さらに、制作会社から先の孫請け、フリーランスの専門職との契約などになると、いまだ書面すら交わされないことが多い。まさに闇の中だ。

改善がないばかりか、問題の悪化も指摘される。放送事業の経営環境が厳しくなれば、制作会社にはより低い価格が提示され、現場の環境は一層悪化する。質の高い番組づくりを担ってきた制作現場は、足元から崩れかねない状況だ。

なぜこんな状況を放置しているのか。会議の場で関係省に聞くと、それぞれ「できない」理由を並べた。総務省は、ガイドラインは出したものの自分たちには取締り権限がないという。中小企業庁は、所管の下請法では規制対象が限られるという。公正取引委員会は、取締り権限はあるがそう簡単に発動できないという。「縦割り」と責任者不在が、問題解決を阻んでいた。

会議での議論を経て、２０１８年６月の規制改革推進会議答申では、「新たな取引ルールの策定」と「コンプライアンス向上の体制整備」を求めた。番組制作現場に特有の問題に対応できる、より実効性あるルールが必要だ。また、執行体制の整備も重要だ。いじめやセクハラと同様で、被害を受けている側が安心して駆け込める環境が欠かせない。駆け込み先が加害者とつながっていたのでは話にならない。「縦割り」を乗り越え、中立性と信頼性のある体制を整備する。今度こそ、問題を解決しなければならない。

番組制作現場は一例に過ぎない。格差の問題は、ちょっと油断すれば、すぐ陰に潜んで蔓延り続ける。立場の弱い人たちは、なかなか声をあげられない。だから、問題が表面化しづらい。こういった問題をひとつひとつ解決していかなければならない。

「教育無償化」より重要な「学校教育のモデルチェンジ」

格差対応でもうひとつ重要なのは、教育だ。

親の世代の格差が子どもの世代に継承されて固定化・拡大していく、世代間連鎖の問題が指摘される。解決には、育つ環境にかかわらず、教育の機会を得ることが重要だ。「教育無償化」は、対応のひとつだ。親の財力によって教育レベルに差が生じることは、なくしていかないといけない。政府でも検討がなされ、一歩ずつ前に進みつつある。

だが、もっと大事なのは、「教育コスト」より「教育内容」だ。いくら無料で学校に通えても、そこでの「教育内容」が不十分なら意味がない。結局、財力のある親の子どもだけが、学校以外の塾や教室などで、必要な教育を受けることになってしまう。

誤解のないようにいっておくと、日本の学校教育が劣っているといっているのではない。日本の優れた人材力を支えてきたのは、学校教育だ。各国で教育改革を進める際も、とりわけ日本の小中学校はしばしばモデルとされてきた。

　しかし、問題は、これからの教育は伝統維持だけでは足りないことだ。現在、世界は、急速な変化のただ中にある。次の章で再び第四次産業革命の話をするが、年々、変化は加速している。10年後に社会に出る人材は、ＡＩやロボットにはできない仕事を担い、新たな役割を社会で果たしていかなければならない。

　教育もこれに対応する必要がある。いまの子どもたちは学校で、英会話やパソコンなど、親の世代が学ばなかったことを教わる。２０２０年には、小中学校で本格的にプログラミング教育が始まる。この変化は、さらに加速していく。あるいは、加速しなければ、未来に対応できる人材を社会に送り出せない。

　学校教育のモデルチェンジは少なくともこれから10年ぐらい、新たな技術革新や社会変革に対応し、どんどん繰り返していく必要がある。

　残念ながら、日本の学校教育は、変化にはあまり強くない。これは、現場の先生たちの問題ではなく、主に制度の問題だ。学習指導要領や検定教科書を変えるのに数年かかるような仕組みでは、これからの教育は危うい。

遠隔教育を阻む文科省の予算利権

規制改革推進会議では、「教育」も課題の一つだ。とりわけ「遠隔教育」が争点になってきた。

なぜ遠隔教育を議論するかというと、特に英会話やプログラミングのような新たな科目では、教えられる先生はどうしても限られる。これから、さらに新たな科目が拡大していく中で、テレビ会議方式の遠隔教育の必要性は高いからだ。

また、少子化と地方縮小に伴い、とりわけ過疎地などでは、学校規模の縮小や、学校の統廃合も進んでいる。都市部と比べて十分質の高い教育が得られなかったり、学校が近くにないために若者が地方を離れざるを得ないことにもつながる。ここでも、遠隔教育は有効だ。

ところが、遠隔教育は、学校教育ではほとんど活用されてこなかった。テレビ会議・テレビ電話の技術は、2000年前後から広く一般に普及した。ビジネスでの活用はもちろん、携帯電話により日常生活でも当たり前にできるようになった。民間の予備校や英会話スクールなどでもとっくに導入された。ところが、学校教育ではほとんど活用されていないのは、規制の制約が大きな要因だ。

先生と生徒が同じ教室にいることが大前提とされ、遠隔教育は、まえがきでもお話しした「机間指導」ができないとの理由で制約されてきた。

高校では、2015年からようやく、画面の向こうに科目免許のある先生がいれば、生徒のいる教室にはいなくてよい（ただし、科目免許のない先生は必要）との規制緩和が実現した。しかし、2017年時点での導入例は、全国5000の高校のうちわずか35校だ。小中学校では、まだ高校並みの規制緩和もなされず、限られた実証事業しかなされていない。

なぜ導入が進まないかというと、現場でIT導入へのハードルが高いなどの問題もあるが、根本的には、文部科学省が後ろ向きだったからだ。

そして、なぜ文科省が後ろ向きかというと、「遠隔教育を導入すると、きっと教員の人数削減につながる」との危惧を持っているためだ。教員の人数削減は、文科省の予算の削減に直結する。例えば小中学校の場合、運営は市区町村だが、教員の人件費の3分の1は国が負担する仕組みだ。文科省にとっては、国の予算を確保して自治体に配ることが、いわば権力の源泉だ。予算削減につながりかねない遠隔教育に後ろ向きな所以だ。

もちろん、私たちは、教育の質の向上のために遠隔教育の導入・拡大を求めているのであって、教員や予算の削減など考えていない。だが、警戒はなかなか解けない。文科省の予算という利権が、子どもたちの未来を支えるはずの遠隔教育を阻んできた。

60年以上続く「当分の間」

高校では2003年に、ITやプログラミングを教える「情報」という科目ができた。だが、新しい科目なので当たり前だが、先生が足りず、多くの学校には「情報」の免許のある先生がいない。

こういったときこそ、遠隔教育を使えばよいはずだが、ほとんど使われていない。代わりにどうやって対応しているかというと、「免許外教科担任制度」という制度を使い、ほかの科目の免許の先生が特例的に教えている。2017年、「情報」科で「免許外教科担任制度」を使った件数は、1248件にのぼった。

これは、もちろん生徒たちにとって好ましいことではない。また、教える先生方にとっても負担だ。本来免許のない科目を教えるため、責任感の強い先生ほど多大な事前準備を伴う。学校現場を見学した際にそうした先生のお話も伺ったが、本当に苦労されていた。

今後プログラミング教育が小中学校に広がり、さらに新たな科目も増えていく。問題はますます大きく広がりかねない。

この「免許外教科担任制度」とは、いったい何なのか。法律上の根拠を調べると、1953年（昭和28年）に教育職員免許法の改正がなされた際、附則で「当分の間」の措置として定められている。戦後すぐで教員の数が足りない状況下、「当分の間」はやむをえないとして設けられた制度だった。

当分の間というのは法律に書いてある言葉です。昭和28年に当分の間と書かれていて、皆さん方（注：文部科学省の方々）の解釈だと当分の間というのは何年ですか。100年なのでしょうか。（2018年10月18日　規制改革推進会議投資等WGでの筆者発言）

こうした条文を60年以上も使い続けているのは、私には到底理解しがたい。そこで文科省に質問を投げかけたのだが、ともかく「必要だ」との回答だった。

遠隔教育に関する議論は、規制改革推進会議で長らく続けている。半歩ぐらいは前進しつつあるが、歩みがあまりに遅い。いつまでもこんな議論をしていたのでは、本当に日本の子どもたちに申し訳が立たない。

あいまいな外国人労働者政策

移民問題も、決して対岸の火事ではない。

これは、国家戦略特区WGでもずっと扱ってきた課題だ。

日本政府は、建前では、「高度な外国人材は受け入れ、一方、単純労働の外国人労働者は受け入れない」といってきた。そして、「移民は受け入れていない」といってきた。

第二次安倍内閣の初期、経済財政諮問会議で「移民を年間20万人受入れ」という可能性を示したことがあったが、大きな反発があって引っ込められた。

しかし、実態は全く違う。外国人労働者の数は２０１３年から２０１８年の５年間で、72万人から１４６万人に急増した（5年で74万人増）。つまり、実質的には年間15万人の移民受入れをすでに行っているようなものだ。

そして、その内訳をみれば、多くを占めるのは「高度な人材」ではない。５年間で74万人増のうち半分を占めるのが、技能実習生17万人、留学生アルバイト20万人だ。技能実習は、本来の制度上は、途上国支援の観点での人材育成の制度なので、技能水準の低い人が日本にやってきて、技能を身につけたら帰国する。留学生アルバイトも、技能水準の低い状態で職につき、技能が身につく頃には卒業して帰国する。要するに、本来の制度趣旨（途上国支援、留学生受入れ）を逸脱した抜け道を通って、低技能・低賃金の外国人労働者が大きく拡大しているのが実態だ。

一方で、技能ある人材はあまり受け入れていない。高度人材の受入れ拡大のために、2012年に「高度人材ポイント制」（学歴や年収などでポイントをつけて高度人材と認定された外国人を優先的に受け入れる制度）が設けられたが、累計でようやく1万人に過ぎない。

一定の資格を有するなど、明らかに技能のある人材の受入れにも否定的だ。例えば、母国では看護師の資格・経験を有する外国人であっても、日本語の看護師試験に通らない限り働けない。結果として、多くの外国人は日本語の試験の壁を突破できず、帰国を余儀なくされている。母国で医師資格を有する外国人も同様だ。医師に関しては、修練目的の場合、二国間協定がある場合などの例外が認められるが、それもいろいろと制約があり、例えば、二国間協定に基づき日本で働く英国医師は英国人の患者しか診察できない。

もっとひどいのは美容師だ。日本の美容技術は世界でも評判が高く、アジア各国などから日本の美容専門学校に留学する若者が少なくない。専門学校の人から話を聞くと、優秀な成績で卒業し、国家試験の美容師試験（これも日本語だが）も楽々突破してしまう留学生も中にはいるそうだ。ところが、そんな最優等の国家試験合格者でも、外国人である限り美容師として働くことはできない。美容師には、在留資格が認められないためだ。専門学校で勉強し、国家試験を通ったあと、そのまま帰国するしかない。東京や大阪などでは、外国人観光客の来店も増えているので、外国人をぜひ雇いたいとの声もあるが、それでも雇えない。これは、仕事を奪われるのでないかと危惧する美容師組合と、それに忖度した法務省・厚労省が結託し、在留資格を認めてこなかったためだ。

国家戦略特区の仕組みで、外国人の美容師を受け入れたいとの提案が大阪府などからあり、特区WGではずっと議論してきた。特区WG委員の私たちは「国家試験を通った一定水準の人は認めたらよい」と主張し、関係省は「美容室でのスタイリング・カット等は専門的な仕事ではない」という主張を続けてきた（2018年3月26日特区諮問会議提出資料）。2019年1月時点で残念ながらまだ実現していない。

これが、日本の外国人政策の実情だ。

最善の移民政策を

世界では、グローバル化の中で、優秀な人材の獲得競争がなされてきた。その負の側面として、移民問題が起きてきた。一方、日本では、技能ある外国人は排除され、低技能・低賃金の単純労働はなし崩しで受け入れている。人材獲得競争にはほぼ参加できないまま、先進各国の失敗の轍だけは踏みつつある。

こんなことになってしまっているのは、外国人受入れは、右からも左からも強い反発の生じる難題だからだ。社会の同質性を重んじる人たちも、職を奪われることをおそれる人たちも、どちらも反対する。数少ない推進派の一角が、低賃金の単純労働を活用したい産業界の一部業種だ。この要望に応えた結果が、政策の建前とは正反対の「単純労働の優先受入れ」という、最も問題の大きい政策運用につながってきた。技能実習制度が実態上は変質し、単純労働受入れニーズの高い業種が次々に追加されてきたのは、このためだ。

最も低レベルな「単純労働の優先受入れ」に絞る限りは、実は、労働組合の反対もさほど強くない。なぜなら、労働組合を構成する正社員とは競合しないからだ。競合するのは主に、雇用の調整弁として使われてきた非正規労働者だが、多くは労働組合に入っておらず、政治的発言力は小さい。こうして、一部産業界と労働組合の利害のいびつな一致からもたらされたのが、最も低レベルな「単純労働の優先受入れ」だった。

もちろん、これは日本固有の問題ではない。世界の多くの国で、大なり小なりこうした問題がある。だから各国とも「移民問題」を引き起こしてきた。

２０１８年秋の臨時国会では、新たな外国人材受入れの法案が審議され、成立に至った。日本でもようやく本格的な議論が始まったこと自体は、悪い話ではない。しかし、この法律はあまりに不備が多い。運用に多くのことが委ねられ、運用次第で、従来の「単純労働の優先受入れ」の拡大につながる可能性も高い。これで正しい解決に向かったとは到底いえない。

だが、世界の人材獲得競争に乗り遅れたことには、プラスの面もある。世界の失敗に学び、移民政策を検討できる。ちなみに、移民という言葉への嫌悪も強いが、本来の移民政策とは、その国に必要な外国人を選別して受け入れる政策だ。日本は、最善の移民政策を導入すればよい。それも、問題が噴出する前に、早急にやるべきだ。

第8章　世界が直面する「未来の課題」——第四次産業革命への対応

シェアリングエコノミーと規制体系の転換

世界で第四次産業革命が進行している。社会のあり方は大きく変わる。規制や政策体系をいかに適合させていくのか。これが、世界各国がこれから取り組まなければならない「未来の課題」だ。

さまざまな分野で問題は表面化しつつある。すでにお話しした電波割当の問題はそのひとつだ。交通、医療、教育、エネルギー、行政手続など、多くの分野で変革が生じている。その波はさらに、人間の人生設計、都市空間、政治システムなどにも及んでいこうとしている。

これからが本番だ。全貌はまだ見通せない。世界中の識者がまだ結論を出せていない未来をあやふやに語るよりも、ここでは、すでに明らかになっていることに絞ってお話ししたい。第一に変革の規模、第二に変革のスピードだ。

まず変革の規模に関しては、現在起きつつあることは、決して部分的な利便性向上などではない。社会のあり方全体を根幹から変える大変革だ。

第四次産業革命の中では最初のさざ波に過ぎないシェアリングエコノミーを例にとっても、これは明らかだ。ライドシェア、ホームシェア（民泊）など、さまざまな分野で、所有物や時間があいているときに融通しあう、共有型の経済が拡大している。これは、単なる利便性向上などではない。私なりにとらえれば、最新技術により実現した、近代社会から前近代社会への回帰だ。

どういうことかというと、かつての前近代社会では、人々は狭いコミュニティの中で、さまざまなものを融通しあって暮らしていた。これが近代化の進展に伴い、モノやサービスを提供する事業者と消費者への分化が進んだ。例えば、車での移動サービスでは、バスやタクシーというサービスが生まれた。「たまたま同乗させてくれる人」を探して回るのはあまりに非効率なので、専門のサービスが求められたためだ。

ところが、技術の進歩によって、前近代社会でなされていた融通が再び可能になった。「たまたま同乗させてくれる人」を探すのは、スマホのアプリで瞬時に可能になった。さらには、「たまたま同乗させてくれる人」の運転技術やマナーの水準もすぐにわかるようになった。かつては口コミで、狭いコミュニティの中で時間をかけて蓄積された評判が、スマホ上のシステムで瞬時に共有できるようになったためだ。こうして生まれたのが、シェアリングエコノミーの代表格であるライドシェアだ。

いわば、前近代社会の行動様式を、最新技術を使って大規模かつ効率的に復活させたことが、シェアリングエコノミーの本質だ。

だから、シェアリングエコノミーは近代社会の規制体系と相いれない。

近代社会では、バスやタクシーのような、専門の事業者がサービスを提供することが前提だった。その前提で、安全性やサービスの質を確保するため、「業法」による規制がなされてきた。免許や許可制度で信頼性ある事業者だけに役所が参入を認め、いったん参入した事業者を役所が監督した。こうした規制体系に照らせば、ライドシェアは、そもそもの前提から外れているので、およそ認められない。利用者が「安全性やサービスの質は評価システムで確認できるから構わない」などといっても、業法体系と全くかみあわないのだ。

「ライドシェア」は営利企業NG

こうした事柄だから、規制体系とシェアリングエコノミーの相克は、基本的に世界共通の課題だ。また、タクシー業界やホテル業界といった既得権からの反対も共通している。ライドシェアのUberや民泊のAirbnbなど、シェアリングエコノミーの先頭ランナーたちは、世界中で既得権の反発を受け、規制当局との摩擦を引き起こしてきた。ただ、摩擦は起こしつつも、世界でシェアリングエコノミーは急速に拡大してきた。ライドシェアは、米国発のUberやLyftのほか、中国はDidi、東南アジアはGrab、インドはOlaなど、巨大産業へと成長を遂げている。Uberの企業価値は700億ドル、Didiは560億ドルと推計されている。民泊のAirbnbも企業価値310億ドルにのぼり、もはや実質的には世界最大のホテルチェーンだ。

その中で、日本は、シェアリングエコノミーで明らかに出遅れた。

最大の要因は、いまだに根強く残る「事前規制型」行政だ。すでにお話ししてきたように、日本では、「事前規制型」が伝統的に強く、転換も遅れた。今も、業法を中心とする事前規制の網が、各国以上に強靭かつ緻密に張り巡らされている。他国ならば、業法体系との相克があってもすり抜けられるようなことが、日本ではしばしば、全く不可になってしまうわけだ。

例えばライドシェアは、日本ではいまだに違法な白タク扱いだ。ちなみに、Uber は日本にも進出しているが、日本ではハイヤー会社などと提携したサービスを提供しているだけで、ライドシェアサービスではない。

これは、道路運送法で、お客さんを運ぶ事業（旅客自動車運送事業）を行うには、タクシー事業やバス事業として国交省から許可を受けなければならず、運転手は二種免許、特殊な車両構造など、さまざまな規制が課されるためだ。

ただ、現状でも、ライドシェアに類することが全く認められないわけではない。「自家用有償旅客運送」という例外的な制度がある。過疎地で公共交通機関もなくなっているような地域で、一般車両で一般ドライバーが、有償で近所の高齢者などを乗せてあげることはいちおう認められる。

ところが、この制度にはいろいろ制約がある。エリアが過疎地などに限定されるほか、重大なのは、運営主体の制約だ。自治体やＮＰＯ法人など非営利法人に限って認められ、営利企業による運営は認められない。ビジネスとして運営できないから、実際上、本格的な展開はできないわけだ。

なぜ営利企業による運営は認めないのか?「営利企業は金もうけ優先で安全は二の次」といった決めつけがなされがちだ。しかし、当然ながら、営利企業でもまともにビジネスの発展を考えるところは安全確保を徹底する。逆に「非営利法人なら安全最優先」なんてこともない。営利か非営利かで区別するのは無意味なはずだ。

この議論も、国家戦略特区WGでさんざんやり、禅問答が繰り返されてきた。国交省は、「営利企業が運営するなら、タクシー並みの規制を課す」との結論を繰り返すばかりで、区別の根拠は不明なままだ。結局、営利企業に認めれば、本格的な展開がなされ、タクシー業界と食い合いになることをおそれているからだ。

「民泊」には「営業しにくくする規制」

民泊では、旅館業法との相克がある。

Airbnbが2008年に創業するずっと以前から、日本でも、空き不動産を宿泊利用しようとのアイディアはあった。しかし、旅館業法の壁がこれを阻んでいた。宿泊サービスにはホテルとしての許可が求められ、ホテルとして許可を得るにはフロント設備や一定の部屋数が必要などの規制があったためだ。

ようやく風穴があいたのは、農家民泊などの例外を別とすれば、2013年に創設された「特区民泊」の制度だ。旅館業法の制約は外し、空き不動産の宿泊利用が認められた。しかし、通常のホテル・旅館並みに利用させるわけにはいかないとして、「6泊7日以上」の比較的長い滞在に限ることとされた。

この制度は、東京都大田区や、大阪府・市などで活用されたが、やはり活用してみると、もっと短い日数での利用ニーズも大きい。さらに議論を重ね、2016年になってようやく、「2泊3日以上」に下限日数が緩和された。

民泊のニーズは、国家戦略特区以外の地域でも高い。全国で民泊を認めるための議論も並行して進められた。2017年には「民泊新法」が制定された。ただ、こちらでは今度は、トータルで年間「180日以内」という上限日数が設定された。さらに、自治体ごとの条例で、日数をさらに短くすることも認められた。なかには事実上禁止するような条例も乱立している。2018年夏に新法が施行されたが、施行時に多くの民泊施設が予約取消しを余儀なくされるなど、混乱が続いている。

不思議なのは、特区民泊では下限日数、民泊新法では上限日数が定められていることだ。なぜ、短すぎたらダメだったり、長すぎたらダメだったりするのか、ロジックがはっきりしない。要するに、ホテル・旅館並みの営業は許さないとの趣旨で、どちらも営業をやりづらくするための規制ということだ。

このような、既得権との調整・すみ分け問題は、民泊に限らず、また日本だけでなく世界のあちこちで生じる。

世界の政府がこれから取り組まないといけないのは、近代の業法体系を改め、規制体系をゼロベースで再構築することだ。

そのためにはまず、そもそも規制目的は何だったのか、改めて考え直してみることが有効だ。例えば、宿泊・民泊の場合、そもそも規制が必要な理由は何か。改めて考え直せば、「泊ってみたら不潔な部屋、あまりに狭い部屋、などといった事態を防ぐ」(これは、評価システムが向上する中で、どこまで公的規制が必要かは要検討)、「近隣の住環境に悪影響を及ぼすことを防ぐ」、「災害時に逃げられないような事態を防ぐ」といったことのはずだ。そして、これらは、改めてゼロベースで考えてみれば、「ホテル・旅館」だろうと「特区民泊」だろうと「(新法の)民泊」だろうと、変わりはない。

こうした思考プロセスを経て、業法を取り払い、目的に沿った規制に作り替える。これが、脱近代社会に対応する手立てだ。「特区民泊」なら下限日数、「(新法の)民泊」

なら上限日数などといういびつな規制は、本来の規制目的を忘れ、業法の枠組みにとらわれているからこそ生じている。

これは、第5章でお話しした「縦割りから横割りへ」の延長といってもよい。限られた業種だけでなく、これからあらゆる分野で、規制体系をゼロベースで再構築する取組が求められる。

日本は、「事前規制型」からの脱却も、「縦割り業法」からの転換も遅れてきた。ただ、その分、規制改革に苦しむ経験は、他国より積んできた。この経験を活かし、出遅れを一気に取り戻したいところだ。

「規制の実験場」に必要な迅速性と柔軟性

明らかになっていることの第二は、変革のスピードだ。2010年代に入って世界の変革は年々加速している。世界経済フォーラムのクラウス・シュワブ会長が来日して未来投資会議に出席した際に語った言葉を引用すれば、「2018年は、過去のどんな年よりも変化の速い年だと言う人もいるが、今後に比べれば、最も変化の遅い年だと言えるかもしれない」という状況だ。

こうしたときに大事なのは、迅速性と柔軟性だ。多少の間違いや失敗があっても迅速に対応し、問題があればあとから軌道修正していく姿勢が求められる。

伝統的な日本の「事前規制」型行政は、これと正反対だ。新たな技術革新やアイディアがあっても、なかなか役所が認めてくれない。役所で延々と審査・検討を重ね、ようやく認めてもらった頃には、すでに次の技術革新などが起きて状況が変わっているが、今度はまた軌道修正ができない……といったことが起きがちだ。前世紀から引きずってきた「事前規制」型からの転換は、この意味でも急がなければならない。

世界では、さらにスピードと柔軟性を高めていく取組も進んでいる。イギリスで設けられた「規制のサンドボックス」という仕組みがその例だ。サンドボックスとは砂場、つまり、砂場のような遊び場を設けて実験ができるようにするとの意味合いだ。金融分野でフィンテックが急拡大し、既存の規制体系が適合しない問題が続出したことから、「規制の実験場」とすべく2016年に設けられた。これは、シンガポール、香港、タイ、インドネシア、マレイシア、UAE、オーストラリアにも広がった。

「規制の実験場」という取組に関しては、実は日本は先行している。第3章でお話しした構造改革特区や国家戦略特区だ。もともと、20世紀の規制改革がなかなか進まなかったために突破口として設けられた「実験場」だが、若干のリニューアルを加えれば、第四次産業革命対応の「実験場」としても利用できる。

すでにリニューアルの制度整備も進められている。金融など地域性のない実験に対応するため、日本での新たな「規制のサンドボックス」制度の整備が２０１８年になされた。イギリスなど諸外国の「規制のサンドボックス」と異なり、日本では、金融だけに分野を限定していないことが特徴だ。

日本は、規制改革後進国だったが故に、「規制の実験場」の運営経験も蓄積してきた。これを活かし、世界最先端の「実験場」を作れるかどうか。ともかくスピードが重要だ。

おわりに 「全知全能の政府」の可能性と「アジャイルな政府」

本文でも触れたが、政策に関わった当事者は、そのプロセスを説明する責任を負うと思っている。とりわけ論争になった政策課題では、当事者としてどう判断したかを記録に残し、あとからの検証、さらなる政策の進化につなげていかなければならない。この本は、そうした営みの一環だ。

今回、編集を担当いただいた新潮社の安河内龍太氏には、これまでも、雑誌フォーサイトなどの場で、こうした機会をたびたび作っていただいた。ここ10年ほど私が取り組んできた規制改革・行政改革を最もよく理解いただいている、私にとっては同志の一人だ。改めて御礼申し上げたい。

また、規制改革推進会議や国家戦略特区WGなどで、ともに改革に取り組み、多くのご指導をいただいた先輩・同僚委員、ご苦労をおかけした会議事務局の同志の皆さん、立場は違ったが議論に参画いただいた関係省庁の方々、多くの知識・助言を与えていただいた関係者の方々にも、この場を借りて御礼申し上げたい。

そして、本文では、官僚や政治家や業界団体のことを「岩盤規制の守護神」みたいに描いてしまったかもしれない。訂正しておくと、決してそんな人ばかりじゃない。しがらみに充ちた環境で、本当に日本を良くするために戦い続けている、私が心から尊敬する人たちに、敬意を込めてエールを送りたい。皆さんこそが日本を支えている。

規制改革にかなりの期間、エネルギーを費やして関わってきた。だが、改めて本に書いてみても、前進できていないことが多い。当事者として力不足を痛感する。

ただ、悪いことばかりでもない。日本が規制改革に苦しみ出遅れてきた経験は、これからの大変革の時代に、政府の役割の再設計を世界中が競い合う中で、大いに活かせる可能性がある。本文の中でも再三触れてきたように、遅れてきたからこその大逆転もありうる。

そうした可能性を秘めた取組として、2018年秋から検討の始まった「スーパーシティ」構想にも触れておこう。

第四次産業革命は実証段階を過ぎ、未来社会の実現が目の前に迫っている。その中で、都市を丸ごと、第四次産業革命仕様にするような取組が世界で始まりつつある。

例えば、アリババの本社のある中国・杭州では、道路などのインフラにセンサーを埋め込み、ＡＩで交通量を管理する新たな都市設計を実現している。同じく中国の雄安では、習近平国家主席の肝いりで、ゼロから未来都市を作り上げる巨大プロジェクトが進行中だ。ドバイやシンガポールでは、国を丸ごと未来都市化しようとするプロジェクトが進んでいる。カナダ・トロントでは、グーグル傘下企業が、まち全体をグーグル化しようとの再開発プロジェクトを推進している。これまではインターネットの世界で実現していたさまざまなことが、リアルな世界で実現されていく。

中国やドバイは、20年前の姿からは想像もつかないスピードで、先頭争いに加わっている。国家資本主義の国だから、政府がいったん方針を定めれば、日本とは雲泥の差で物事が進むのだ。

こうした中、日本での未来都市実現を目指しているのが「スーパーシティ」構想だ。中国などのような国家資本主義ではなく、自由経済と民主主義を前提に、未来の都市設計と社会運営の新たなモデル構築を目指す。ポイントになるのは「住民の合意」だ。岩盤規制改革を目的とした従来の国家戦略特区では、自治体の首長と総理官邸を核に、トップダウンの枠組みを設けてきた。今回は、未来の社会運営のモデルづくりのため、民主主義のプロセスをどう埋め込むかが課題になる。第四次産業革命ののちの民主主義の未来像を、日本発で示せるかどうか。これからが正念場だ。

これから、世界は大変革の時代に突入する。社会のあり方、国の役割はどう変わっていくのだろう。

思考実験としていえば、AIとビッグデータ活用で、計画経済が実現してしまう可能性だって皆無ではない。1980―90年代の規制改革では、主題は「市場重視」だった。「政府は全知全能ではありえない」が大前提だったからだ。しかし、第四次産業革命は、この前提を根こそぎひっくり返してしまう可能性もある。不可能だったはずの「全知全能の政府」は、少なくとも技術的には、もはやそんなありえない話ではない。中国が、第四次産業革命の波を最先端でとらえている背景には、おそらく、計画経済との一定の親和性もあるはずだ。

国と自治体の構造も全く変わる可能性がある。前世紀以来の行政改革では、「市場重視」とともに「地方分権」が大命題だった。「地方のことは現場に近い自治体のほうがよくわかる」ことが前提だったからだ。しかし、この前提もひっくり返る可能性がある。より多くのデータを集めてAIで解析できる中央政府のほうが、自治体よりずっと地方のことがわかるようになるかもしれない。窓口などの地理的近接性も、さらなる技術革新で、全く意味を失うかもしれない。

だから、私たちはこの先、ともかく頭を柔らかくして、大変革の時代に臨まないといけない。

この本ではずっと、「事前規制型から事後チェック型へ」や「縦割りから横割りへ」など、規制改革の難航の歴史をお話ししてきた。これらはたぶん、これからの未来に向けても、さっさとこなすべき課題だと思う。今のところみえている限り、日本の伝統的な行政・規制体系が、未来に適合しているとは思われない。

しかし、それもあくまで「たぶん」だ。これからの技術の革新、社会の大変革の中で、どうなるかわからない。数年後には状況が変わり、これまでとは全く違う方向を目指すことになる可能性もある。

前世紀以来、「市場重視」の規制改革としばしばセットになって、「小さな政府」が唱えられた。これからの政府に求められるのは、こうした過去の大方針を断固貫き通すことではない。一か月前に導入したばかりの制度だろうと、逆に長年苦労して積み重ねてきた取組だろうと、状況が変わればさっさと方針転換して、未来に向かうことが求められる。

２０１９年１月、「スーパーシティ」の立案の参考にするため、杭州、ドバイ、シンガポール、トロントを回ってきた。各都市で、新たな未来社会の実現に向けて取り組む、最先端の関係者たちと情報・意見交換を行った。政治体制や経済体制は全く異なる国々だが、それら政府関係者の何人かが共通して口にしたキーワードが、「アジャイル」だ。あまり聞き慣れない言葉かもしれないが、「俊敏な」といった意味合いだ。プログラム開発の世界ではよく使われる言葉で、「アジャイル開発」といえば、短期ですばやく開発を繰り返し、柔軟に対応していく開発手法を指す。

これが今、民主主義か独裁体制か、自由経済か計画経済か、といった従来の枠は飛び越え、最先端の未来都市の設計、政府の政策運営のプロセスで、キーワードになりつつある。「あの国は非民主主義国だ」などと言って軽んじていたら、あっという間に置いていかれることになる。

これから未来に向けて、どんな政府が必要か。答えは、朝令暮改でまた変わる可能性はもちろんあるのだが、おそらく当面は、「アジャイルな政府」だと思う。

２０１９年１月　トロントにて

原 英史　経済産業省等を経て
2009年(株)政策工房設立。政府の
規制改革推進会議委員、国家戦略
特区ワーキンググループ座長代理、
大阪府・市特別顧問などを務める。
著書に『官僚のレトリック』など。

Ⓢ新潮新書

806

岩盤規制《がんばんきせい》

誰《だれ》が成長《せいちょう》を阻《はば》むのか

著者　原《はら》 英史《えいじ》

2019年3月20日　発行

発行者　佐藤隆信

発行所　株式会社新潮社

〒162-8711　東京都新宿区矢来町71番地
編集部(03)3266-5430　読者係(03)3266-5111
https://www.shinchosha.co.jp

図版製作　株式会社クラップス

印刷所　錦明印刷株式会社

製本所　錦明印刷株式会社

ISBN978-4-10-610806-8　C0231

価格はカバーに表示してあります。